U0864724

BLACK SWAN 黑天鹅图书

为 人 生 提 供 领 跑 世 界 的 力 量

BLACK SWAN

奇葩心理学

应对复杂人性的技术

人を動かす対話術

[日] 冈田尊司 著
罗佩 译

文化发展出版社
Cultural Development Press

图书在版编目（CIP）数据

奇葩心理学 /（日）冈田尊司著；罗佩译. —北京：文化发展出版社有限公司，2017.9
ISBN 978-7-5142-1948-7

Ⅰ. ①奇… Ⅱ. ①冈… ②罗… Ⅲ. ①心理学—通俗读物 Ⅳ. ①B84-49

中国版本图书馆CIP数据核字（2017）第238577号

奇葩心理学
著　　者：[日] 冈田尊司
译　　者：罗　佩

出 版 人：武　赫
责任编辑：肖润征
特约监制：魏　玲　潘　良
版权支持：冷　婷
特约编辑：张　艳
出版发行：文化发展出版社有限公司（北京市翠微路2号　邮编：100036）
网　　址：www. wenhuafazhan.com
经　　销：各地新华书店
印　　刷：北京嘉业印刷厂

开　　本：700mm × 980mm　1/16
字　　数：220千字
印　　张：19.75
印　　次：2017年11月第1版　2017年11月第1次印刷
I S B N ：978-7-5142-1948-7
定　　价：48.00元

序　言

本书写给那些希望能更好地与人沟通的读者。

如果你从事心理医生或咨询师这类与人沟通的职业，或者从事于教育、商业、医疗、法律、社会公共事务等领域，工作中需要建立信赖关系、解决问题和说服他人，这本书可以有效提升你沟通的专业性。如果你被身边种种奇葩之人困扰，想要解决人际问题却因他们自身问题导致沟通障碍，让你常常感到无话可说或话题进行不下去，那么这本书可以教你读懂奇葩的内心，对症下药，找到与各色人等最适合的对话语言。

想让自己的想法、观点、提议被对方接受，打动对方的心，并让对方的决策和行为顺着自己的意愿来，需要采取怎样的沟通策略？想安慰、表扬对方或是指出对方的问题，需要使用怎样的语言？想要跟不善沟通之人交流，但无论如何努力，都无法向对方传达心意时，又该如何做呢？

我撰写此书的目的就是希望提供自己身为精神科医生的工作经验，将自己数十载总结的沟通技巧的精髓传递给大家，帮助大家解决生活、工作中的各种沟通问题。

想必任何人都各有一套由自身经历培养出来的、独特的沟通技巧。如果是沟通方面的专家，因受过特殊训练，他们能够更熟练地沟通。但是，想必大家也会发现，无论哪一种沟通技巧，无论这种沟通技巧多么优秀，它并非适用于所有场合。也就是说，根据问题的性质和目的、对方的特性以及使用的时间和场合等情况的不同，有效的沟通方法也是各不相同的。

为了有效应对各种沟通场合，需要我们从众多的沟通方法中选择自己所需要的，并加以区分利用。遇到的问题越是复杂，就越需要我们综合采用多种沟通方法来解决。因此，我们应从整体上对沟通技巧有一个统一的把握。

然而，目前市场上虽然有介绍沟通技巧的专业书籍，却很少有让大家全面了解沟通心理、学习各种沟通技巧的书。根据这种情况，本书旨在提供整体思路，让大家全面把握沟通中的心理因素，学习到各种沟通技巧及其适用的场景。

本书所介绍的每一种沟通方法都是从我遇到的几千个沟通案例中精心挑选出来的，能够在当下实际生活中被我们切实有效地借鉴、使用。这些方法不仅适用于心理治疗，也适用于教育及社会帮扶等场合，还可用于商业培训及员工培训中，也可用于改善家庭、婚恋、社交等生活层面的人际关系。

作为参考，读者可以通过以下概要速览每一章的核心方法及其可应对的问题：

第一章将以罗杰斯确立起来的沟通技巧为中心，介绍能够使对话成立，并让对话进一步深入的基本沟通技巧。

第二章将以短期心理治疗方法之一的焦点解决短期疗法为中心，探讨能够快速解决问题的沟通方法。

第三章将以动机式访谈法这一沟通方法为中心，介绍该如何促使陷于矛盾及困顿中的人的行为发生变化。

第四章将以认知行为疗法为中心，介绍通过纠正自己的认知方式，来改善认知困难的沟通方法。

第五章将以辩证行为疗法为中心，介绍如何通过言语的引导，克服强烈的自我否定情绪。

第六章将阐述容易让对话产生障碍的三类“奇葩”，即具有焦虑矛盾型人格、焦虑回避型人格和自恋型人格的人的心理特征，介绍与之进行交流时，应该采取怎样的沟通方法才能使对话顺利地进行下去。

第七章将从语言上的对话出发，进一步思考与行为及环境进行沟通的技巧。这种沟通技巧在无法进行语言沟通的情况下，能够有效地帮助大家解决沟通问题。

上述课题无论哪一个，都很难用一本书介绍详尽，因此我把它们的精华部分浓缩成了一本指导手册的分量。这些沟通技巧各不相同，但通过全面学习可以帮助你从根本上理解其共通部分，使它们相互融合，综合使用。

即便是对沟通技巧这一技能不太感兴趣的读者，在阅读本书的过程中，也会逐渐被书中深邃的沟通世界所吸引，并惊讶于它的丰富性和趣味性。“沟通”这一行为与人类存在的根本这一哲学问题有着密切的联系，正是因为有了沟通，人类才能够不断变化、发展。当我们意识到这一技能时，我们会发现与他人的交流实则蕴含着巨大的可能性，并会对它更加期待。希望大家在本书中所学到的沟通技巧能够在实际生活中得到最大限度的利用。

与各问题关联密切的沟通技巧

可处理的问题	有效的沟通方法	对应章节
前途、就职的烦恼	焦点解决短期疗法 动机式访谈法 认知相关沟通法	第二章 第三章 第四章
结婚、离婚的烦恼	焦点解决短期疗法 动机式访谈法 依恋相关沟通法	第二章 第三章 第六章
不决断	焦点解决短期疗法 动机式访谈法 认知相关沟通法	第二章 第三章 第四章
抑郁、自我否定	同理心沟通法 认知相关沟通法 认可策略 行为・环境相关沟通法	第一章 第四章 第五章 第七章
割手腕等自残行为	同理心沟通法 焦点解决短期疗法 动机式访谈法 认知相关沟通法 认可策略 依恋相关沟通法 行为・环境相关沟通法	第一章 第二章 第三章 第四章 第五章 第六章 第七章
不上学问题	同理心沟通法 焦点解决短期疗法 动机式访谈法 认可策略 依恋相关沟通法 行为・环境相关沟通法	第一章 第二章 第三章 第五章 第六章 第七章

可处理的问题	有效的沟通方法	对应章节
消极·闭门不出	同理心沟通法 焦点解决短期疗法 动机式访谈法 依恋相关沟通法 行为·环境相关沟通法	第一章 第二章 第三章 第六章 第七章
药物、酒精依赖	焦点解决短期疗法 动机式访谈法 认知相关沟通法 认可策略 依恋相关沟通法 行为·环境相关沟通法	第二章 第三章 第四章 第五章 第六章 第七章
不安、恐慌	同理心沟通法 焦点解决短期疗法 依恋相关沟通法 行为·环境相关沟通法	第一章 第二章 第六章 第七章
虐待	同理心沟通法 焦点解决短期疗法 动机式访谈法 认知相关沟通法 依恋相关沟通法 行为·环境相关沟通法	第一章 第二章 第三章 第四章 第六章 第七章
DV（家暴问题）	焦点解决短期疗法 动机式访谈法 认知相关沟通法 依恋相关沟通法 行为·环境相关沟通法	第二章 第三章 第四章 第六章 第七章
人际关系、职场问题	同理心沟通法 焦点解决短期疗法 认知相关沟通法 依恋相关沟通法 行为·环境相关沟通法	第一章 第二章 第四章 第六章 第七章

可处理的问题	有效的沟通方法	对应章节
孩子的问题行为	同理心沟通法	第一章
	焦点解决短期疗法	第二章
	认知相关沟通法	第四章
	认可策略	第五章
	依恋相关沟通法	第六章
	行为・环境相关沟通法	第七章
不良行为、暴力	同理心沟通法	第一章
	焦点解决短期疗法	第二章
	动机式访谈法	第三章
	认知相关沟通法	第四章
	认可策略	第五章
	依恋相关沟通法	第六章
	行为・环境相关沟通法	第七章

目 录

Contents

Contents

第三章 发现矛盾情绪，让奇葩听你的

Contents

第四章　纠正扭曲的认知方式

第五章　克服极端的自我否定心理

第六章　应对三种奇葩的沟通方法

Contents

第七章　无法与奇葩语言沟通时的应对策略

第一章
与奇葩沟通，从建立对话开始

最有效的沟通方法就是尽量不打扰对方，并顺利地引导对方的思路进行下去。

罗杰斯的经历摸索与转变

世界性经济危机爆发的前一年，也就是 1928 年，一位出生于威斯康星州年仅二十六岁的年轻心理学家因终于找到了一份工作而松了一口气。虽说是心理学家，其实只是一个刚刚结束了实习，还未完成自己学位论文的年轻人。但这位年轻人由于结婚过早并且已经有了一个孩子，迫于生活的压力他不得不去寻找工作。这位年轻人的名字是卡尔·罗杰斯（1902—1987），一位之后在心理治疗领域中掀起革命的人物。

罗杰斯找到的工作单位位于纽约州罗切斯特市的儿童虐待防止协会的儿童研究部门。他的工作主要是接待由法院以及一些机构送来的不良少年、被虐待儿童以及他们的父母等。由于曾经立志要当一名牧师，这位极度禁欲且诚实的年轻人开始热情地投入这份工作中。

虽说这是出色的临床心理学家经常会遇到的情况，但罗杰斯的成长历程还是与其他人有所不同。从小成长于威斯康星州农场的罗杰斯，相比于社会经历的积累，他更热衷于对自然的观察以及家畜的饲养等。

就这样，在饲养鸡、猪、牛等方面具有专业知识的罗杰斯毫不犹豫地选择就读威斯康星州大学的农学院。但他之后由于参加学生宗教会议时受到了触动，便立志要成为一名牧师，为此，他从农学院转到历史学院，之后又转到了神学院。

然而，在神学院学习的两年期间，罗杰斯的兴趣又被心理学和精神医学所吸引。因此，开始对宗教工作感到疑惑的罗杰斯，又开始考虑要以其他专业作为自己的职业。于是乎，他开始到与自己就读的神学院仅有一路之隔的哥伦比亚大学的教育学院上课。在教育学院参加儿童咨询实习的过程中，罗杰斯完全被这一工作的魅力所吸引，从而最终进入了他非常具有天分的临床心理学领域。

来访者中心疗法的诞生

罗杰斯在儿童虐待防止协会工作时，正值美国精神分析疗法初见端倪。罗杰斯也同样受到精神分析疗法的影响，开始尝试着从施虐者的性经历及未记事时期的心理伤害中寻找其施虐的原因。然而，罗杰斯深刻地感受到，这样只不过是能够找到其施虐的原因，对于施虐问题的解决却是毫无用处的。

对于诚实得有点儿过于认真的罗杰斯来说，可以认为其是出于养家的目的，这种一直无法获得成果的工作状态使他感到非常痛苦。意料之外的重大突破正是出现在罗杰斯的这种挫败感达到顶峰的时候。

此时的罗杰斯虽然年过三十，却依旧热情不减地投入与一位反复出现问题行为的孩子的母亲的面谈工作当中。虽然，罗杰斯确信是由于这位母亲曾经抛弃过这个孩子，从而导致其反复出现问题行为，但是这位母亲一直不这么认为。无论罗杰斯采取怎样的方法，都无法让这位母亲理解儿子的问题行为与他小时候缺少母爱有一定的关系。这个案例的后续，就由罗杰斯自身来叙述吧。

然而无论怎么做都无济于事。最终我也放弃了。我向她建议道，由于不管如何努力最终都会失败的结果，所以还是放弃面谈为好。这位母亲同意了。于是，我们决定结束这次谈话，握过手之后她起身去为我开门。这个时候，她回过头来问我："医生，您也会为大人做心理咨询吗？"当我给出肯定回答之后，她随即说道，"那么，我想做下心理咨询。"并坐回刚才的位置。在那之后，她开始向我倾诉自己绝望的婚姻生活、与丈夫关系的不和、对人生的失败感以及自己混乱的情绪。这些内容与她之前一直跟我说的毫无收获的"生活史"完全不同。由此我们开始了真正的心理治疗，并取得了非常成功的治疗效果。

【《我的自述[1]》罗杰斯主编（上）. 伊东博、村山正治校译. 诚信书房】

此时，罗杰斯意识到了"只有通过来访者本身，才能够知道何为重要问题以及其背后深藏着何种经历"这一事实。以此次心理治疗的经历为基础，罗杰斯研究出了之后席卷了世界的"来访者中心疗法"（Client—Centered therapy）。

原来，之前的方法均不见效的原因在于，在谈话的过程中倾听的一方主观地决定了问题的答案并一直尝试着诱导回答者。然而，知道

[1] 书中为日语译名，原英文书名为 *This is me*，中文名为译者翻译。

问题答案的除了回答者别无他人，因此，最有效的沟通方法就是尽量不打扰对方，并顺利地引导对方的思路进行下去。通过这样做，罗杰斯确立了一种全新的沟通方法。

正确的沟通方法能产生巨变

罗杰斯的这一发现向世人重新展示了沟通技巧的效果。只需通过使用一种沟通方法，之前如何努力都无法改善的局势，在即将接近尾声之时也可能会产生奇迹般的好转。

这种情况并不仅限于罗杰斯所确立的心理治疗方法。接下来，本书将通过七个章节，向大家介绍七种由我精心挑选出来的心理学沟通方法。无论哪一种方法都蕴含着这样的神奇力量，并且在实际生活中能够产生堪称奇迹的变化。可能有人会认为这只不过是普通的沟通罢了，但实际上沟通却有着令人震惊的可能性。没有干劲的“抑郁”上班族再次回到了工作岗位；不想上学的孩子再次回到了课堂；数十年一直反抗社会并实施犯罪的人完全改变了自己的生活方式；药物中毒者逐渐摆脱了对兴奋剂和毒品的强烈依赖；反复企图自残或自杀的女性重新恢复了平稳情绪；待在家中十多年的年轻人开始出门找工作……

引起这些变化的媒介都是沟通这一行为。

然而，在沟通的过程中一旦使用了错误的方法，就会造成悲惨的结果。重新回归职场的上班族再次变得无法上班；开始去学校上课的孩子再次变得不愿去学校……仅仅是因为使用了一种错误的沟通方法，就容易造成这些情况。

有具备优秀能力的年轻人逐渐变成反社会人格的情况，也有因担心被抛弃而怀有强烈不安情绪的女性逼迫自己做出自残行为的情况……越是想要努力说服对方，越是产生相反的结果，这种情况并不少见。这些失败的例子大部分是由于他们没有理解沟通的原理，在无视其基本原则的情况下进行了无准备的沟通。因此，从这一意义上来说，沟通是一把双刃剑，其锋利的剑刃也隐藏着危险。

并且，在一些可能影响人一生的场合中，也经常会出现沟通变得像日常对话那样迟钝的情况。至少那些以与人沟通为工作的专家，有必要事先对沟通的基本原则以及最低限度的沟通技巧进行一定的了解。

在学习由罗杰斯及其后继者所确立起来的沟通方法之前，先来了解一下沟通所具有的两个基本功能吧，这两个基本功能需要牢记在心。暂且不说高难度的沟通方法，这两个基本功能不仅可以成为理解所有沟通方法的出发点，还可以防止因远离目标而造成巨大失败的情况发生。

沟通的两个基本功能

“沟通”这一行为，一言以蔽之，从毫不利己的日常聊天、问候以及说闲话，到讨论、商谈、说服、交涉、安慰等，具有各种各样的形式。

人们之所以喜欢聊天或说闲话，可能是因为他们具有共同的话题或兴趣点，在这样的沟通过程中，他们能够相互确认双方的亲密度和联系度，从而能够在这一交际关系中感到自己是安全的。我们甚至可以认为，一定程度上的信息沟通，能够有效地提升他们在生活中的安全感和安心感。这是沟通的基本功能之一。“问候”这一行为亦是如此。相互问候类似于“下午好”这样没有自我意识的问候语能够保障沟通双方的安全感和安心感。

最能够凸显提高安全感这一功能的表现应该是“安慰”这一沟通行为吧。在这一过程中，沟通的双方不仅具有共同的话题，还具有相同的心情，也就是彼此之间产生了同理心。

“讨论”（discuss）时的沟通又是怎样的呢？进行讨论的时候，双方不会顾及相互之间在观点和价值观上的不同，甚至可以说讨论就是围绕着这个不同而展开的一种沟通。讨论的目的可以说就是为了反驳对方的观点。它的出色作用就在于通过讨论能够纠正自己的观点并提高自己的思考能力。这是沟通的第二个基本功能。

实际上，研究者们通常会要求进行讨论。这是因为通过对问题的讨论，研究者们能够更加明确自己的观点，并明白自己在思考上的缺陷，从而能够将各自的观点提升到更加具有普遍性的高度。而这些仅凭自己的思考是无法顺利进行的。通过沟通而得以采纳他人的观点，这一做法能够非常顺利且高效地进行。

“商谈”这一行为可以通过活用此前所介绍的沟通的两大功能，即“提高安全感与安心感”以及“纠正观点、提升思考能力”的功能，就能顺利地进行。相比一个人烦恼，商谈具有能够在获得安心感的同时，更快找到解决问题的突破口这样一举两得的优点。

那么，“说服他人”时沟通又是如何发挥作用的呢？可以认为说服与讨论是相似的。通过讨论可以反驳对方的观点，却不一定能够说服对方，反而还可能会使对方更加顽固地拒绝。人类是一种“理性动物”，同时也是一种“感性动物”。想要被说服，不仅要在道理上接受对方的观点，在这之前还需要自己在情绪上做好接受对方观点的准备。与之相关的便是安全感问题，在人际关系中拥有同理心和情感纽带是不亚于利害关系的一项重要因素。并且，即使是在道理上说服对方也并非是那么简单的。

所谓的利害关系包含多种无法简单进行比较的标准。它隐含着从某一方面看是优点的话，从另一方面看就可能是缺点的两价性（同时具有两个相反的价值在内）。一味地通过强调优点进行说服，也并不能够让对方轻易地接受自己的观点；即使接受了，之后对方也会觉得自己被骗了。积极克服两价性矛盾所带来的困扰，在打动对方的过程中是很有必要的。从更高的层次来看，沟通所具有的深化思考这一功能似乎变得更加重要了。

可以说，沟通具有通过共享信息和心情来提高安全感以及利用不同的观点来深化思考、消除矛盾的功能，并且这两个功能是辩证统一的。在思考如何进行沟通的时候，需要牢记沟通所具有的被称为同理心作用和辩证法作用的两大功能。越是面对需要有力地支持对方、打动对方的困难局面，就越需要同时发挥沟通的这两大功能。

保护对方的安全感来促进沟通

以沟通为媒介，人际关系才能得以展开。如果无法顺利地进行沟通，人际关系就难以维持下去。无法沟通或者是沟通不畅的人，大部分会给人一种“那个人不是很明白”的印象。

协作对方共同推动事物的发展时，促使沟通成立是必不可少的。沟通能够顺利进行，就容易建立起信赖关系，团队合作也能够更容易地发挥作用。无论是需要接近对方来进行交际或交易的场合，还是需要支持对方赋予其力量的场合，首先都需要使沟通成立。

这种情况下，对方是一个具有怎样特性以及倾向的人就变得尤为重要。比如，在与戒备心很强的人进行沟通时，反而能够快速拉近两者之间的距离，而对于比较自来熟的人，应对的方法就会多多少少有所变化。同样地，根据立场、年龄以及性别的不同，沟通方法的具体运用当然也会有所不同。

然而，最为重要的是要驾驭这些不同之处，在理解其根本上的共通原理之后再进行沟通。这是因为，虽然每一种具体的沟通方法，在一些细微的方面多少会存在一些不合理的地方，但只要不偏离根本原理，大部分情况下，沟通都能够得以顺利进行。相反，无论再怎样拘泥于一些细枝末节的方法，而无视其根本上的原理来行动的话，对方都会拒绝与你沟通。

那么，要使沟通得以进行，需要哪些必要条件呢？这就与之前介绍的沟通的两个基本功能有关系，也就是“保护安全感”这一功能。为提高安全感而进行的沟通中，最不应该做的事情就是威胁对方的安全感。哪怕是表面上装出附和对方的样子，那也并非是真正意义上的沟通，不过是在表面上进行掩饰罢了。

为了能够让沟通顺利地进行，注意不威胁对方的安全感，并提高对方的安全感和自尊心是先决条件。左右它的不仅仅是对语言的运用，现场的氛围、表情以及身体距离等非语言要素也同样重要，并且通过这些要素表现出重视对方的姿态也是非常重要的。有人会觉得和蔼的笑容以及近距离的接触会比较让人安心；也有人觉得克制感情的应对方式以及较疏远的距离能更加让人放松。为了在之后的接触中不让对方感到不安和厌烦，首先就需要保持不威胁对方的安全感这一姿态。

在这之后，沟通总算开始了。然而，什么才是能够提高安心感和安全感的有效沟通方法呢？人们通常会在什么时候安心地进行交谈，与对方产生亲密感，并打开自己的心扉呢？

其出发点就是要做出倾听的姿态。并非由我们来说，而是要让对方来说，这一点是非常重要的。虽然倾听的重要性现在已经被普遍认同了，但首先意识到它的重要性的人是罗杰斯。仔细倾听对方说话的这一姿态，关系到人际关系的建立以及信赖感的产生。

之所以这么说是因为，说话这一行为，一旦产生错误就会威胁到对方的安全感，从而导致意料之外的事情发生，而倾听这一行为，却几乎不会存在这样的危险。反言之，正是因为对方感觉到自己的安全感和自主性得到了保护，他才能够轻松地进行交谈。可以认为，对方很健谈，恰好证明了他的安全感得到了很好的保护，而单方面说话的状态从某种意义上来说则证明了沟通并没有顺利地进行。

让对方进入健谈的状态，能够有效地加深双方之间的亲密度和信赖感，并且，要想变成这样的状态，第一步就是要做出倾听的姿态。

从共享兴趣到共享心情

在对方具有强烈的戒备心以及无法敞开心扉的时候，便会出现因此无法让沟通顺利进行下去的情况。包括这些情况在内，能够让沟通深入进行下去的关键点就在于之前介绍的“共享”这一行为。共享也可以说具有两个方面，即兴趣的共享和心情的共享，而后者则被称为同理心。然而，如果想要在突然之间使彼此之间产生同理心，有时会遭到对方的拒绝。但是想让对方也产生同理心，做出同理心回应的这一方式是非常有效的。注意，在对方还未打开心扉的阶段，便想只通过简单的方式就产生同理心的话，反而会让对方感到郁闷。

因此，第一步就是要做到兴趣的共享。可以说在这种情况下，不威胁到对方的安全感，并做出共享兴趣的姿态是非常重要的。

所谓兴趣，一言以蔽之，从其感兴趣的爱好到其自身的价值观及信念等，范围非常广泛。在不损害对方安全感的前提下，尝试着与对方共享兴趣时，要避免突然触及与其重大价值观或者是信念相关的部分，安全的做法就是从他感兴趣的事物或者是日常生活的一些兴趣点出发，逐步加深沟通。

当然，在逐步加深沟通的过程中，对话自然会涉及对方最关心的事情，但是是否要谈及其最关心部分的关键则在于对方本身，而不是由我们来无理地将对话进行下去。在对方做好吐露心声的心理准备之前，我们要注意把兴趣点放在比较容易进行的话题上，这种选择话题的方式是相当重要的。在交谈的过程中，对方是有多么信赖我们以及我们是有多么尊重对方的节奏，这些都是要由对方来判断的。

配合对方的节奏，努力做到兴趣的共享。这种情况下，也需要我们作为倾听的一方，尽量地让对方说出自己的想法。在这一做法中，我们看似是被动的一方，实际上却是非常主动的行为。当对话快要中断或者是即将偏离方向的时候，就需要我们通过提问或者是提供一些材料帮助对方将对话进行下去。有时保持沉默，等待对方接下来要说的话也是非常重要的。在即将要说出重要的信息时，对话通常会中断，进而出现一段时间的沉默。此时，倘若胡乱插话的话，反倒会失去这个绝佳的时机。为防止这种情况的发生，不仅需要非常热情地仔细倾听对方所说的话，同时做出照顾对方情绪的姿态也是非常重要的。

当然，在这一过程中我们不可以成为沟通的主角。对于对方感兴趣的东西，如果自己也感兴趣，喋喋不休地发表自己的看法，炫耀自己的知识的话，可能会造成对方的疏远。明明是在倾听对方的话，却在不知不觉间变成了自说自话，这样的人更需要注意这一点。随着年龄的增长以及地位的提高，我们很容易变成那样。因此，为了不让对方觉得我们又在自吹自擂，就需要大家时刻注意这一点。

在对对方的话题表现出兴趣的同时，不可以威胁到对方在沟通中的主导权，这一点非常重要。一旦意识到这一点，并注意与对方进行兴趣共享的话，对方对你的戒备心就会减轻，并且会逐渐消除，与你变得更加亲近，甚至自己就会开始提及一些比较深入的话题。

共享兴趣的人会变得有活力

无论是不愿去学校上课的孩子、患有抑郁症的上班族、酗酒且暴饮暴食的办公室女郎、总是干坏事的不良少年，还是根本不愿意找工作一直待在家中的年轻人，通过共享兴趣，不仅能够使沟通变得更容易进行，还能够起到改善现状，让他们重新恢复活力的作用。

当你千方百计地想要解决以上问题时，与其一门心思地想着如何解决问题，倒不如对他们感兴趣的事物也表现出兴趣，在与其积极进行交流的过程中，你会发现他们逐渐变得开朗且有活力。甚至突然有一天，他们开始去学校上课了，又或者是开始认真地找工作了——这样的案例也不少见。

相反，如果在尽力解决上述这些不愿去学校上课、抑郁症、暴饮暴食以及不良行为等问题的过程中，过度纠结于解决问题这一实际目标的话，反倒会让他们的症状变得越发严重，还会容易造成他们的行动更加消极，并且开始产生抵触情绪，从而使家暴的情况变得更加严重，甚至导致事态逐渐变得恶化。

出现问题行为是结果，并非原因。想要通过改变现有结果来解决问题是不可能的，因为真正的原因另有其他，即造成这种情况的大多数原因是他们的安全感受到了威胁。在想方设法地解决这些问题行为时，如果单方面强制地想要让他们振奋起来，反倒会越发地威胁到他们的安全感。这样一来，非但不能够纠正他们的问题行为，还会让情况变得更加糟糕。

事实上，具备优秀治疗能力的精神病治疗专家对这一点颇有心得，并且在大多数情况下他们会自然而然地选择使用这种心理学沟通方法。

这是很久之前的事情了，由于碰到了一个比较棘手的案例，我便请来了精神病治疗方面的著名专家笠原嘉先生来给我做指导。当时笠原嘉先生给我的建议让我印象非常深刻，当我向其说出接受治疗的年轻人非常喜欢科幻小说一事时，先生指出“你也应该对科幻小说表现出痴迷和喜欢”。当时先生所用的“痴迷”一词至今留在我的脑海中。共享兴趣指的不仅仅是口头上的表面附和，而且需要由衷地表现出感兴趣的姿态。

在擅长的事情里找回活力

一位六十多岁的男性在企图自杀的时候被自己的妻子及时发现，并被送进了精神病医院接受治疗。虽然为他开了抗抑郁的处方药，但患者的症状却怎么也得不到改善，且一直处于意志消沉的状态。他在与自己的主治医师进行面谈时，说的也都是些消极的话。但是，在某一瞬间他的眼睛里重现了光芒，那就是当他们谈到烹饪这一话题时。原来，这位患者在退休之前一直在饭店当厨师。于是，他的主治医师便不再多说他的症状，而是更多地谈及烹饪这个话题。做出这种转变之后，这位之前几乎没有主动说过话的男性患者慢慢变得会主动地与其进行交流了。于是，某一天，主治医师便大胆地试着拜托他在日间护理的烹饪课堂上教一下其他的病友做料理。刚开始，这位男性显得有点儿为难，但当主治医师表示医院的工作人员也会帮忙之后，他便稍微安心了一些，并接受了医生的邀请。事实上，当这位患者进入厨房之后，他立马像变了个人一样，开始条理清晰地向大家说明每一个步骤，还向大家展示了自己熟练的刀工。当烹饪课程结束之后，在众人的惊叹声中，他的脸上已经充满了自信。以此为契机，这位男性患者重新恢复了活力，并在之后完全康复出院了。

表现出共享兴趣的姿态能够让对方重新变得有活力。相反，如果强迫对方接受与之兴趣不相关的事物，就会像接下来的这个案例一样，让事态进一步恶化。

用兴趣改造不良行为

一位十七岁少年因滥用涂料稀释剂[1]以及暴走行为被送进了少年管教所。他不仅好动，在容易冲动犯事之外还患有学习障碍症，不具备基本的学习能力。负责他的教官是一个非常热情的人，想着无论如何都要使这个少年有所好转，于是便开始积极地投入对其问题行为的解决当中。一旦找到问题点，他便开始对其进行反复指导，以求问题能够得到改善。并且，当这位教官意识到基础学习能力的不足也是该少年的一个问题点之后，便认为也应该改善他的这一问题，于是又让他投入国语[2]和算术的学习当中。然而，由于该少年本身就患有学习障碍症，无论怎么刻苦学习，总是无法得到理想的结果。刚开始还比较刻

[1] 译者注，属于物质滥用的一种，指违反社会常规或与公认的医疗实践不相关或不一致地间断或持续过度使用精神活性物质的现象。这种滥用会逐渐转入强化性的使用状态，从而导致依赖的形成。

[2] 在此指日语。

苦努力的少年，之后也逐渐放弃了学习，并且对他的指导教官产生了抵触情绪。

于是，笔者对前来寻求建议的教官提出了这样的解决方案：不要过度拘泥在学习这个问题上，而要找出当事人感兴趣以及擅长的事情，并将注意力集中到那上面去，相比于指出问题点，更应该努力寻找该少年身上的优点。事实上，这位少年虽然不擅长学习，却很喜欢画画和做手工。于是，教官便试着为他准备了一些手工作业的课题，发现他对刷漆这项工作非常拿手并且很有耐心，还为煞风景的铁门画上了梦境一般的艺术画。曾经阴郁、自卑且容易焦躁的少年重新变得活泼且开朗起来。更令人惊讶的是，他变得主动努力学习，还通过了资格考试。并且，他开始考虑应该如何防止自己再次做出不良行为了。

我们经常会遇到上述的案例和情况。越是做事认真的人，在问题点出现之后，就越容易认为应该要对其加以指正并极力去解决它。如果无法顺利解决问题，还会加重他们的挫败感和失落感。无论怎么用自己的期待和价值观来鼓励对方都是无法起作用的。共享兴趣并非是共享我们的兴趣点，而是需要我们转变思维去寻找对方所感兴趣的事物。你对对方的兴趣持轻视的态度还是尊重的态度，可以让他的人生方向产生一百八十度的大转变。

当你尝试着与他人进行沟通，想要同对方建立信赖关系，并积极促使对方产生有效改变时，成功做到兴趣的共享是一个非常重要的步骤，它关系到你能否找到解决问题的突破口。

勇于放弃对话的主导权

所谓的共享话题和兴趣，并不是让对方来迎合我们，而是需要我们去迎合对方的兴趣，也就是对话的主导权应该在对方手中。当然，有时候我们所认为的自己想要说的话，可能从头到尾都是一些与兴趣毫无关系的话，也有可能在某一时间段，对话中 90% 的内容都是棒球和动画片。

对于这种情况，做事认真且责任感很强的人会觉得这样做就变成了对对方所说的话唯命是从，又或者会被对方愚弄，便无法对对方进行指导了。如果缰绳没有握在自己手中的话，就会感到不安。也就是说，如果对方能够根据自己的节奏来进行沟通的话，就会安心地认为对方是个“好孩子”，而如果按照对方的节奏来进行沟通的话，由于不知道对话会朝哪个方向发展，便会感到不安。

然而，事实往往是，当度过认为一直被对方牵着走的时期之后，你就能在对方身上看到巨大的改变。相反，倘若我们过于抓紧手中的缰绳来掌握对话主导权，即使对方自身想要做出改变也会难以产生变化。因此，为了能够让对方从自身开始具有做出改变的意识，就需要我们在沟通的过程中交出主导权。但这件事情对于平时就习惯于掌握主导权的人来说，可能会让他感到非常不安。这时候，就需要我们自身去克服想要由自己来主导处理问题的欲望以及担心失去控制权的不安感了。

当然，并非是要将 100% 的主导权交给对方。如果陷入完全混乱且无秩序的状态的话，那就糟糕了，维持下大致的主导权还是有必要的。但是，原本就应该是由对方来负责的内容部分，就需要由其自身来掌握主导权了。倘若我们连这一部分的主导权都想要占有的话，就会侵害对方的自主性，那么对方的积极性和精力就会被削弱。这是因为，由其他人代为找出的“正确答案”，对于对方来说并非是“正确答案”，而且这样的“正确答案”反倒会迷惑对方。

正如先前所介绍的那样，罗杰斯发现在沟通的过程中不是由医生而是由接受心理治疗的人（委托人）来掌握话语主导权，对于问题的解决是最有效的办法，并最终由此确立了来访者中心疗法。这一疗法至今作为心理咨询的基本原理而被广泛使用。

不要干扰来访者的表达思路

罗杰斯及其继承者所注重的是，尽量不去干扰对方的思路，并帮助对方将自己的想法及心情通过语言自然地表达出来。要让对方自由地阐述自己的观点，且尽量不涉及无关紧要的内容。当我们阐述己方的观点时，也需要尽量通过对方的语言而非自己的语言来表达。

比如，经常翘课的大学生一般会说“没有去学校上课的自信”，如果此时你反问他“学习不是一件有趣的事情吗？”的话，就会变得是在用自己的理论观念和语言来做出回应，从而无法与其在心灵上产生共鸣，并且也表明我们并没有准确把握对方目前的状况。被这样反问的年轻人，也会认为这与其自身的心情并没有多大关系，并且还会因怀疑自己是否会被提问者的理论所为难或是被说服而有所戒备。对话再这样进行下去，对方可能就会失去向我们倾诉自己心绪及事情缘由的交谈欲望了。

罗杰斯发现直接使用当事人所说的话来进行反问的这一沟通技巧，能够最大限度地避免这种偏差的产生。以刚才的例子来说明，可以直接重复那个学生的话——“原来是没有去学校上课的自信啊”，然后再进一步提出疑问：“你说的没有自信，是怎么一回事呢？”以此来寻求对方的进一步说明。于是，这样就可以让当事人用自己的话来进行说明了。

像这样在沟通的过程中防止过多地混入我们自己多余的想法，而是珍惜当事人的思考过程的方法得以被广泛使用的原因，正是很多人发现该沟通方法不仅能够使对方恢复活力，还可以有效地解决问题。根据以往经验可确定，最清楚如何解决问题的只有当事人，当由其自身“发现”解决问题的方法时，他才能够萌生最强烈的意志以及力量。哪怕是非常完美的解决方法，如果强制对方接受，他也会因自己的自主性受到侵害而对该解决方法产生抵触情绪，又或者，即使一时接受了这种方法，他到最后也会无法继续坚持下去。本想教给对方解决问题的捷径，却最终导致他走入了死胡同。虽然说可以从这条死胡同折回来再重新开始，但由其自身找出答案的话哪怕看似绕了远路，实际上却是通往结局的最佳捷径。

事实上，优秀的老师以及出色的父母是不会直接告知正确答案的，而是在寻求答案的过程中给予必要的帮助，并以此来让当事人自己找出正确的答案。人的自主性便是这样被培养出来的。

然而，罗杰斯的方法与其他的方法一样并非是万能的。该方法对于思维容易产生混乱以及回顾事情的能力较差的人来说是不太奏效的。并且有时候，在进一步沟通的过程中，也会存在对方逐渐失去对自我观点进行总结的能力，极端的想法变得更加强烈的情况。从某种程度上来说，需要对方具备情绪稳定且条理清晰地进行对话的能力以及对事情进行回顾的能力，若非如此，就需要使用其他的沟通技巧了。即便如此，罗杰斯所确立的沟通方法也有许多值得我们学习的地方。

罗杰斯的方法不同于通过询问何种症状、是何时开始的来寻找可能成为病因的事实的医学疗法，也不同于通过了解患者年幼时期的经历来尝试找出其心理创伤痕迹的精神分析疗法。无论是医学疗法还是精神分析疗法，其原理都是一样的。它们所遵循的都是通过找出并弄清症状产生的最初原因来解决问题的这一思路。弄清问题所在的是给患者做诊断的医生以及给患者做精神分析的分析师，此时，具有自主性的是医生和精神分析师。

另外，罗杰斯的方法则灵活运用了沟通这一行为的特性，也就是通过利用沟通所具有的提高安全感以及深化思考、获得新视角的这两大功能，来尝试着找出治疗以及解决问题的方法。这种情况下就要求当事人自身具有自主性，医生只不过是需要为其提供必要的帮助罢了。

这种可以认为其具有决定性作用的认知转换具有非常深远的意义。为何即使通过医学疗法挽救了人的生命，却并不意味着患者在真正意义上恢复了活力呢？对于究竟何为让人重新恢复活力的这一疑问，罗杰斯的这个方法可谓是提供了一种答案。

同理心促进信赖关系建立

前文介绍到为了沟通顺利进行，并拥有打动对方的力量，其关键在于做到兴趣的共享以及尊重当事人的自主性。本章节则将介绍沟通所具有的在促使对方产生主体性变化之外的另一个重要作用，那就是心情的共享，即同理心。

同理心具有强大的力量，罗杰斯也非常重视同理心。事实上也有研究结果表明，经过心理咨询所得到的治疗效果中有三分之二都取决于是否表现出了同理心。

表现出同理心不仅能够给予对方一种被他人理解的安心感，提高对方的安全感，还能够让对方恢复活力，并萌生改变现状的欲望。这一结果不仅适用于心理咨询，也同样适用于日常的沟通。在同理心上表现不足的话，日常沟通以及人际关系都会受到影响。

无论对方是顾客还是家人，如果仅仅因为一些琐碎的事情就发生争执，又或者是在小问题变得重要的情况下，毫无疑问，首先需要思考的是是否因为在沟通的过程中自己所采取的态度缺少了表现出同理心的这一姿态。

虽然在工作中我们对待客人会注意自己的态度，但在对待自己的家人时，态度反而会容易变得十分粗鲁。所以即使是平日里面对自己的家人，也需要时刻注意表现出同理心这一姿态，这关系到我们能否收获幸福且内心丰富的美好人生。

土居健郎将同理心描述为“理解人的内心”，但近年来人们普遍认为同理心是由“头脑上理解”的认知型同理心以及“心情上理解”的情感型同理心这两大要素组成的。也可理解为这两大要素在大脑中的作用范围是不同的，并且为了能够让沟通变得更加有效，这两种同理心都是必需的。

即使在沟通所具有的提高安全感以及通过改变视角来试图解决问题的两大功能都得到了有效发挥的情况下，这两种同理心之间也有着各自的联系。

仅仅在头脑上理解了对方，是不能够让对方感受到自己的内心也被理解了的。同时，即使在感情上获得了同情，这对于问题的解决来说也是没有用处的，有时反而会加剧对方的混乱。在心情上理解对方以及在头脑上对当前的状况进行冷静分析的这两个部分是相辅相成的。

内心被他人理解之后，人便会感到安宁，并会受到鼓舞。这不仅仅是因为在头脑上理解了对方，也是因为在心情上所产生的共鸣发挥了情感上的作用。沟通从共享兴趣的阶段逐渐发展为共享心情的阶段时，双方之间的亲密度就会进一步加深，并开始建立信赖关系。

同理心得到有效发挥的三大要素

罗杰斯认为能够引起同理心变化的三大要素分别为“正确的同理心”“非支配的温柔”以及“诚实度”。为了能够感化他人的内心，使其产生渴求变化的欲望，需要通过这三大要素来营造能够让人接受的氛围。事实上，相比使用何种治疗方法，能否营造这种氛围更会影响患者的康复。

这里所说的“正确的同理心”指的并非是单纯的同情或者是在对方身上倾注过多的感情，而是在保持一定程度的客观性和中立性的同时，正确把握对方的立场和心情，并以此来理解对方的情绪。通过与自身的经历重合来寻求心灵上的共鸣，或者是试图套用自己自以为是的解释以及偏离主题的理解，都不可以算作正确的同理心。

“非支配的温柔”中的“非支配”指的是不强迫对方，尊重对方具有自由的自主性。

“诚实度”则是一种发自内心的态度，只是表面上的伪装，或是想操控对方的态度是无法产生打动对方内心的力量的。罗杰斯说过：“我发现如果自己的言行举止并非出自本意的话，最终也是无法真正帮助到对方的。”不是通过伪装，而是从内心产生的同理心来真心实意地面对对方时，才能够带来巨大的力量。

这三大要素，一言以蔽之，可以将其称为真正的同理心。

在与对方进行沟通的过程中，且不说会经常出现沟通无法顺利进行下去，或者是发生冲突的情况，就算是在事情开始恶化的情况下，大多数也是因为欠缺了之前所介绍的这三大要素中的某一项或是全部项。越是容易受伤的人，越是能够敏锐地感受到这一点。即使是平常都具备这三大要素的人，在睡眠不足、身体状况不佳、有其他的烦心事以及时间不充裕等的状况下，也会像这样因欠缺其中的某一要素，而导致沟通变得紧张或是产生冲突。请记住当有什么事情无法顺利进行下去时，一般都是因为同理心这一功能没有得到有效的发挥。

如何表现出同理心

在沟通的过程中，采取温柔的诚实态度，做好“理解他人内心”的心理准备，来面对对方是非常重要的。然而，如果无法有效地向对方传达自己的同理心，对方就不会切身感受到自己的内心被理解了。同理心这一现象，是心与心之间产生的互相呼应的状态，是一种相互做出回应的现象。这时，就需要产生一种连锁反应，即先由我们通过简单易懂的方式来做出自己的回应，再由此进一步促使对方做出回应。

也就是说，为了能够提高相互之间的同理心，表现出同理心这一行为是非常重要的。即使在内心已经产生了同理心，如果完全不表现出来，对方也会认为自己的心情没有得到我们的理解，于是便会停止打开自己的心扉，甚至可能会开始封闭自己的内心。

出乎意料地，通过直截了当且不会产生误会的方式来表达自己同理心的方式是非常重要的。其中的一个方法就是附和着对方说话，并通过自己的表情以及当时的氛围来表现出我们与其拥有同样的心情。

面对优秀的心理治疗专家以及精神疗法方面的专家，我能够说的就是，倾听时，内心的接受方式以及反应方式蕴含着十分深厚的情绪。在沟通的过程中，对方通过丰富的形式来向你表现出同理心的话，大多数人会因自己的话被他人如此热情地倾听而萌生出一种近乎感动的情绪来。仅凭这一点，他的心便被打动了。

这与在最开始便介绍过的倾听姿态有着密切的联系。所谓的倾听并不单单指侧着耳朵去听对方说话，而是在理解对方的内心以及表达了自己的同理心的同时去进行倾听，这种行为既是被动的也是主动的，也就是说，这是一种回应式的行为。

同理心的回应，无论是在支持他人的方面，还是在帮助解决问题走向正轨的方面，都是一种强有力的武器。同理心能够给予对方安心和勇气。在语言上表现出同理心与做出同理心回应的方法，例如附和这一非语言方法一样都是非常重要的。正如之前所介绍的那样，同理心不仅仅是情感上的同理心，表现出认知上的同理心也是同样重要的。因为通过帮助对方整理其内心的矛盾与冲突，转换看待事物的视角，能够促进问题的解决。

情感上的同理心虽然可以通过我们的表情以及声调等非语言表达方式强烈地表现出来，但同时增加一些类似于“真的是一段很糟糕的经历啊”“真难为你一直坚持到现在”这样的话也是非常重要的。

另一方的认知上的同理心，重要的是通过重复、确认、转述以及归纳总结对方说话的内容，来向对方反馈我们是如何理解其说话内容的。如果我们的理解有偏差或者是有不充分的地方，对方就可以做出进一步的补充或纠正，这样一来，双方就能够更加正确地理解对方所说的话。对于对方来说，也能够让他感受到自己的话是被我们真正理解了。

这一系列的方法可凝练成一种沟通技巧，那就是“Reflecting Listening”（反应式倾听、回应式倾听）。由于该反应式倾听是一种非常重要的沟通技巧，接下来将对它做更加详细的介绍。

反应式倾听的四个技巧

“reflecting”是动词“reflect”（反射、映出）的形容词形式，意为“使……反射、让……映出”。也就是说，所谓的反应式倾听就是要像照镜子一样地来倾听对方所说的话。一些专业书籍中有时会将其翻译成“回顾式倾听”，笔者认为这种译法并不是很贴切。

罗杰斯发现，当当事人能够通过自己的语言来说出自己的心声时，心理咨询才能够获得最佳的治疗效果。所以，尽量避免根据我们自己的想法及指示去诱导对方，而是给予对方以同理心的回应，这样反而能够帮助其解决问题。

罗杰斯严厉禁止在进行反应式倾听时，以照搬全收式地接受对方所说的话，并且回应时也是完全重复对方的话的方式，来向当事人进行确认，或者阐述自己的意见时，使用对方从未用过的关键词来进行说明的做法。可以确信，使用当事人所说的话来尽量正确地回应其自身的想法和感受的做法，不仅能够在同理心上给予对方以支持，同时还可以帮助我们回顾、整理自己的想法和心情。

这就像是倾听的一方变成了镜子，可以照出对方所说的话一样。

之后，很多临床治疗专家都承认了这一方法的有效性，并将罗杰斯发现的这一沟通方法作为一项技巧确立了起来。其结果是，出现了过度拘泥于“回应”这一行为的拘束时期，也就是说，一时间陷入了除了“回应”式的应答以外，其他一概不可的原理主义泥潭。对于这一现象，罗杰斯曾经也表达过对其的担忧。

所谓的沟通方法是一种需要稍微高自由度的技巧，如果不这样做的话，沟通就会变得过于狭隘，反倒会失去很多的可能性。

事实上，当你在沟通的过程中实际使用了这一技巧之后便能明白，一味地做出“回应”是不可能的。过度使用的话容易影响沟通的顺利进行。大多数情况下，用“啊”“是吗”“原来如此”等语言来附和对方的话就够了。然而如果在任何场合下都做出“回应”的话，沟通就会陷入僵局。因此，就需要我们不仅能够与对方共享更加正确的理解，还要让它产生类似于对重点内容画下划线一样的效果，这样一来，我们就能够更加容易地整理对方的想法了。

在沟通的过程中，至少要注意尽量控制发表自己的意见和想法，并同时增加“回应”及倾听的部分，这样一来，就能够产生更好的变化。

接下来介绍一下需要大家掌握的反应式倾听沟通方法的四个基本技巧：

① 像录音机一样原封不动地重复对方的话。

② 改用“也就是说……是吗”的表达方式来进行归纳，向对方确

认自己的理解是否正确。

③ 通过提问 “这是怎么一回事呢”“当时你是怎样一种心情呢”来寻求对方更详细的说明。

④ 通过提问“难道是……吗”来向对方传达我们的理解以及推测。比如，提出类似于“是因为被自己的母亲如此对待，所以才会觉得自己被抛弃了，是吗？”“您有点儿生气了，是吗？”这样的问题，来帮助对方发现自己之前并未察觉的心绪，并让其通过语言表述出来。

接下来，通过一些示例来实际体会一下使用了反应式倾听方法的沟通方式吧。

反应式倾听打开幽怨女性的心扉

一位女性以绝望的口吻抱怨道："谁都不关心我的事情，无论我想做什么事情都是无所谓的，大家只会说一些讨厌的话。"当你遇到这种在语言上十分消极的人时，一般会不经意间反驳道："没这回事吧！"然而，这样的回应在这位女性看来，容易让她觉得连自己的抱怨都不能够被他人所接受，自己并没有得到我们的同理心。

这种情况下，通过反应式倾听方法做出应答的话会是怎样的呢？首先，在使用①的原封不动地重复对方的话的场合下，通过"谁都不关心自己的事情，还会说一些讨厌的话啊"这样的话来近乎忠实地重复对方的话。在理解了对方心情的同时，原封不动地重复对方所说的话，不仅能够让对方觉得自己的心情确实被他人理解了，并且从其他人口中听到自己所说的话之后，对方也会开始稍微客观地看待这件事情。在听到"谁都不关心我的事情"这句话时，她可能会觉得确实如此，但也可能会开始反省这样说是不是有点儿夸张了。无论是哪一种，这都可以成为她回顾自己语言的一个契机。

通过使用②转换语言来归纳要点的技巧进行沟通的话，就变成了“也就是说当你不被他人所关心时，反过来就会觉得自己被否定了是吗？”这样总结要点的说话方式。这种情况下，把稍带自我感情的语言转换成客观表述出来的方式，有助于整理并重新冷静审视当前的状况。

通过③提问方式来让对方更详细地说明情况的技巧，可以通过提问“说谁都不关心你，这是怎么一回事呢？”或是“你会这么想是因为什么呢？”来继续向对方挖掘更多的信息。通过倾听对方叙述更详细的情况，那你就不会保持对其漠然的印象或者深信不疑的看法了，而是能够对其事实进行忠实的讨论了。对于“尽说一些讨厌的话”这样的牢骚，也可以用同样的方法来寻求对方做出进一步的说明，以此让沟通具体地深入下去。在表现出同理心的同时，根据更加实际的情况来把握当前的状况，不仅对于倾听一方来说能够加深理解，对于说话一方，还可以帮助其整理究竟发生了什么。

使用④推测对方未表明的心情和事实的技巧时，则可以向其提问“那个时候，会觉得自己是可有可无的吗？”或是“难道是从那个时候开始暴饮暴食和自残的吗？”通过这样的问题来推测与其问题行为产生的关系，能够促使对方自己去“发现”问题产生的原因。大多数情况下，我们是希望能够由患者本身去发现问题的所在的，但通过间接地给他们一些启发，即使当时他们并没有意识到，之后也能够更容易“发现”的。

反应式倾听让失意男性主动意识到问题

再举一个例子吧。一名一直待在家中的男性，总算开始找工作了，并最终找到一个可以打工的地方，但是，第二个星期他便辞去了这份工作。对于这种情况，接下来我将做具体的介绍。

“我已经完全没有自信了，对于我来说再怎么努力都是徒劳的。我终究是没有工作能力的，总是被其他人说干活太慢。虽然认为自己已经非常努力地工作了，但还是每天被别人说，实在是太丢人了。说真的，辞去工作之后我感觉松了一口气。”

即使是使用①这种单纯地重复对方所说的话的技巧时，具体重复哪一部分的内容，它的使用效果也会有所不同。如果是像“即使努力工作也没用吗？每天都被人说干活太慢，所以才觉得丢人吧”这样只重复对方说出的消极的话，最后只会增加消极的影响。为了让对方停止这种受伤的想法，有时候是需要这样做的：对于这个案例来说，应该告诉他两个星期就辞去自己的工作绝对算不上失败。倒不如说这是一个更大的进步。所以，强调消极的事实只会使事实朝着更加悲观的方向发展。这种情况下，就更需要把注意力集中在其积极的点上了。

可以像“你已经相当努力地工作了啊”这样只重复这一部分的内容。这样一来，可能就可以让对方再多说一些打工期间每天努力工作的事情了。通过重复“现在感觉松了一口气”这一句话，则可以让对话朝着久违的工作的成就感以及能够对辞职一事果断执行的方向展开，也许就能够引导对方对自己的做法产生肯定的看法呢。

通过②转换语言以及归纳说话内容的技巧，则能够更容易地进行这样的纠正加工。

可以将他的话归纳为“两周就辞去了工作，你还没有满足吧？”或者可以像“时隔多年，你又重新开始工作，而且还很努力呢。但是，由于太久没工作过了，工作中就会遇到一些自己无法胜任的事情，所以才决定辞职的吧？但即使这样，你也坚持了两个星期呢”这样稍微更加详细地归纳出对方所遇到的状况。

在理解了他认为自己已经在努力拼命工作的想法以及因工作的态度没有被承认，在坚持了两周之后便辞去工作的懊悔心情的同时，对这一部分做出回应的话，对方就会觉得自己的心情被他人理解了，从而就能够被打动了。心灵受过的伤逐渐愈合，也能够更快地重新拥有肯定的想法。

使用③这种深入说明的技巧的话，通过提问“松了一口气是怎样的一种心情呢”可以让沟通更加深入。又或者通过反问他“你说自己完全失去了信心，是怎样一回事呢？”来对当事人一直深信不疑的看法做出具有攻击性的提问也是可以的。通过这样做，也许就可以让对方意识到自己在接受事实的时候太过于消极了。

使用④提出自己推测的技巧，可以像“工作了两周便辞去了工作，真挺后悔的吧？其实还是想继续工作下去的吧？”这样把问题的焦点集中在对辞职一事的懊悔上。也可以像“时隔多年再次工作，其实你也期待自己能够做更多的事情吧”这样来揭示他对自己的过多期待，并让对方意识到这一点，这样做也许就能够让他接受此次的结果绝不是一个消极的结果。

上述的两个案例都是朝着肯定的方向来做出回应的例子。反应式倾听原本指的是像镜子一样中立地反映出一些内容，但事实上，大部分情况下则需要我们根据自己的意图来调整反应的方式，重点做出肯定的回应。

开放式提问的价值

反应式倾听的③和④的技巧中也有使用到，在进行沟通的过程中，与倾听一样能够发挥巨大作用的就是“提问”这一行为。提问不仅能够整理、深入对话，而且是一种能够促使对方发现以及引起对方变化的强有力武器。通过提问引导出丰富的可能性以及变化的关键点在于使用开放性提问（Open Question）。

开放性提问指的是，通过使用类似于“怎么样”“为什么”“什么样”这样具有广泛含义的疑问词来提问。与其相反的就是封闭式提问（Closed Question），主要是通过“是”或“否”来进行回答，或者是通过对所给选项做出选择的形式来进行提问。

自由度越低的提问，提问一方就越容易根据自己的节奏来进行，沟通脱离主线的危险也会降低。想要手法高明地收集信息的话，答疑式的提问方式则更有效率。事实上，通过封闭式提问所获取的信息从表面上来看其实际内容非常匮乏，而开放式提问所获得的信息中，其内容会更加丰富。

开放式提问重要的原因不单单在于其能够获得更加丰富的信息，还在于它能够引导对方做出更加具有自主性的反应。在对封闭式提问做出回答时，对方成了被动的一方，会被提问一方的视角所束缚，这样一来对方就难以从自身的角度去阐述问题了。而对开放式提问进行回答时，由于对方能够通过自己的语言来回答，仅凭这一点双方的沟通就能够变得更加具有能动性了。沟通之所以为沟通的原因便在于此。

在提问时需要注意的是不可以用盘问的口吻来询问对方。为了能够让对方更具自主性地做出应答，最重要的就是保障他的安全感。因此，在提问时要尽量避免连续使用诸如“为什么”“然后呢”“什么意思”等语气较尖锐的词语，而是要让语气更委婉些，关键在于要让回答的一方能够从容地做出应答。

增加肯定性的反应

目前为止，本书介绍过的重要沟通技巧有——倾听的姿态、兴趣的共享、对自主性的尊重、同理心的回应以及反应式倾听和开放性提问等，同时还有一个非常重要的基本沟通技巧，那就是做出肯定性的反应。肯定性应答和同理心一样能够让沟通更加顺利。做出肯定性反应的人也能够给周围的人带来好感。相比于说话比较严厉的人，大部分人更喜欢与爱说好话的人进行交谈。无论两人之间建立起来的信赖关系有多亲密，否定性的反应还是会让对方感到郁闷。并且说多了否定的话还会有伤害他人内心的隐患。更何况，在既不亲密也未建立起信赖关系的人际关系中，如果在语言上遭受到否定，对方就会感到极度的羞耻和愤怒，更不用想对方会同意我们的观点了。

肯定性的反应不仅能够让沟通更容易地进行下去，还能够给予对方力量、勇气和自信。相反，越是做出否定性的反应，对方的干劲和表现力就会越发地降低，与你的关系也会逐渐恶化。

这是一件非常简单的事情。因为肯定性的反应不仅能够提高对方的安全感，还能够通过提升其自我效能感[1]来让对方的实际表现能力变得更加优秀；而否定性的反应由于会损害对方的安全感以及自我效能感，会逐渐将对方逼入困境。为了能够逃离这种困境，对方只能结束与你的交际关系。也就是说，对方就会开始对你产生不信赖感，并开始反抗你、攻击你，甚至做出背信弃义的行为。

通过增加肯定性的反应，来推动与对方的关系以及让对方的状态明显变好的案例不胜枚举。尽管如此，做出与之相反的否定性反应的案例也时常发生。尽管这是一件极其简单的事情，但还是会有很多人不接受教训地反复犯同样的错误。这其中有一面人类经常会碰到的墙壁，可能是受固于进化，也可能是进行了错误的学习。如果是后者的话，就还有改正的可能性。

[1] 自我效能感指的是个体对自己是否有能力完成某一行为所进行的推测与判断。

肯定性反应的陷阱

增加肯定性反应的时候，还有一个比较容易陷入的陷阱，就是“过誉”这件事。过誉就像是在胡乱地发行纸币，不仅会造成纸币的价值越来越低，还会陷入失信的危机。

这样一说，肯定性评价过少的状态就会变成通货紧缩，人的干劲和活力都会降低。与之相比，反倒会觉得过誉时的通货膨胀状态更好吧。

重要的是维持两者的平衡以及切勿忽略它们的变化。并且，比起巨大的变化，细微的变化更为重要。在细微的变化初现端倪之时，当即承认它，并给予肯定性的评价是非常重要的。这样就能够促使变化成为实际性的东西。如果好不容易发生了好的变化，却没有察觉到它，反倒对其他的事情加以严厉训斥的话，事情是不会朝着好的方向发展的。

还须注意的一点是，肯定性的评价容易成为一种强有力的引导。这样就容易超越中立范围，导致对方的自主性发生改变。有时还会有导致事态朝着违背本人意愿的方向发展的危险。想要尊重对方的自主性让其自身做出决定的话，有时候就必须注意不要滥用偏颇一方的肯定性评价。

比方说，希望孩子在体育方面取得优秀成绩的父母或老师，大多会对他的运动能力给予肯定性的评价；而希望孩子在艺术方面及学业上能够取得优秀成绩的父母或老师，则分别会就其最感兴趣的领域对孩子给予肯定性的评价。虽然这样做确实是有效的，但可能会忽视孩子们在其他方面所具有的能力以及可能性，这样就会阻碍他们的进一步发展。

不是从我们所期待的角度出发，而是需要从更高的角度出发，冷静地看待孩子们的爱好和特性。不是以带有目的性的眼光来看待他们，而是要尊重其能够朝任一方向发展的自主性，这样才能够让孩子们的可能性得到最大限度的发挥。

也有不愿自己的自主性受到侵害并且讨厌被他人引导的人，对于被给予肯定性评价抱有戒备之心的案例。在这种场合下，不要过多地倾注感情，倒不如稍微地表达一下自己的评价，这样更能够缓解对方的戒备心，让对方接受我们的评价。

从这层意义上来说，从意想不到的人那里得到出乎意料的评价，能够让其产生更大的动力和自信。

我自身也有类似的经历。我小的时候，不怎么爱学习，上课的时候经常开小差，笔记本上也画满了涂鸦，然而有一天我去老师办公室的时候发生了一件事。办公室里的老师们并没有注意到我，他们似乎正在聊关于哪个孩子看起来将来会有出息的话题，我无意中听到了他们闲聊的内容。令人惊讶的是，其中一位老师提到了我的名字，并且说道："总感觉那个孩子将来会有很大的发展。"这位老师经常冲学生发火，这种评价让我更是感到惊讶。从这些细微的事情中，我不知怎么产生了乐观的希望和自信。我觉得自己应该实现这位老师的"预言"，于是上课的时候也比之前更认真听讲了。

但是，如果当时我听到的是完全相反的"预言"的话，结果又会如何呢？无论是肯定性的评价还是否定性的评价，评价这一行为具有左右人一生的影响力，我从自己之后的经历中可谓是更加深刻地体会到了这一点。

想要让容易停滞不前的岩石继续移动的话，持续保持中立的态度，并在适当的时机给出肯定性的评价是非常重要的。可以说，作为能够让人在糟糕的状态中产生令人难以置信的巨大变化的原动力，肯定的应对态度是一项不可或缺的重要因素。

概括来说，在成长的过程中一直被否定的人大多数无法得到发展，并且其自身的能力往往连一半的有效发挥也做不到；而在成长的过程中一直得到肯定评价的人，他所具有的能力很有可能可以获得更好的结果。但是，如果因考虑过多而使其变成诱导的话，你特意给予的肯定评价也可能会导致将来的停顿。因此，保持好在尊重对方自主性的同时给予肯定评价的这一绝佳平衡状态，才能够产生真正的力量。

皮格马利翁效应

评价因被相信而成为力量。我们普遍认为评价的力量是非常巨大的，哪怕它毫无根据，也可以带来巨大的效果，这种现象被称为皮格马利翁效应（Pygmalion Effect）。

以小学生为对象进行了一个实验，与之前的考试结果无关，而是随机挑选出几名学生，并同他们的老师说这几名学生将来会有很大的希望能够出人头地。一年后，再对这几名学生做调查时发现，那些被选出的“将来有希望”的学生的成绩确实提高了。

随机挑选出几名患有酒精依赖症的患者，并对他们说“你们恢复的可能性很大”之后，这些被选中的患者实际戒酒率确实更高，而且一年后，他们回归社会后的恢复状态也很好。

当当事人及其周围的人都认为他“有希望”时，当事人在现实生活中往往能够得到好的结果。“相信”这一行为具有使希望成真的力量。

也就是说，对于那些肩负着与人相关、培育他人以及支持他人责任的人，从某一意义上来说最重要的能力就是相信当事人具有某种可能性的能力。相信自己一定会变好，一定能够克服困难的人，在现实生活中更容易产生好的结果。与之相反最糟糕的情况则是，有些人不相信却怀疑，不评价却否定，认为反正也不会有所变化而在内心抛弃当事人，甚至鄙视当事人。

在沟通的过程中，这一点是非常重要的。当你能够对对方怀有敬意，相信对方所具有的可能性，并将关注点放在对方身上的长处时，便能够产生好的变化。

善于让人朝好的方向发展的人都具有一个共同点，那就是抛弃一切消极的成见，以一张全新的白纸的状态去看待他人。发现他人的优秀之处，并反复向其诉说“你具有非常优秀的能力”之类的话。不仅要反复说，还要持续地相信对方一定会朝着好的方向发展。这样一来，就能够促使其真正地发生好的变化了。

第二章
焦点解决奇葩的心理问题

直接跳过对问题原因的探究，不是面向过去，而是时刻把目光投向未来，且所有的沟通都是以解决问题为目标而进行的。

上一章介绍到沟通具有两大功能，其中一项功能是提高沟通双方的安全感。因此，作为有效的沟通技巧，前文提到沟通者需要做出倾听的姿态来向对方表达敬意，与对方做到兴趣的共享，肯定对方的观点，并向对方表现出自己的同理心。

沟通还具有一项非常重要的功能，那就是利用不同的观点来深化思考、帮助解决所遇到的烦恼及冲突等问题，并促使新变化的产生。本章节将主要围绕在试图通过沟通的方式解决问题时，应该如何做而展开。

有问题不一定就有原因

人生存于世间，必然会遇到各种各样的问题，说我们的人生就是与问题相处的一生也不为过。遇到问题是在所难免的，重要的是，当问题降临时该如何去努力解决它。大多数情况下，我们遇到的问题都包含着错综复杂的关系，是无法简单地获得正确答案的。加之，我们所处的这个现代社会又是问题层出不穷的时代，这就更需要我们加快解决问题的应对速度。而对于那些本身就不存在正确答案的问题，想要快速做出应对是一件相当严苛且困难的事情。

通常情况下，解决问题的传统方法是，通过查明问题的原因并消除这个原因，医学上的治疗方法通常都是以这个模式为范本进行的。这一方法在其能够发挥作用的场合下可以成为非常有效的应对措施。现实却是，通过这个方法能够解决的问题仅占已出现问题的极小部分。现实生活中存在着许多原因不明的问题，还经常会出现即使知道了原因也不知该如何消除问题原因的情况。

比如，在遇到某一名公司职员患上了抑郁症，又或者是某一个孩子变得无法去学校上课的情况时，找出其问题产生的原因并非是一件简单的事情。去医院接受检查的话，这名公司职员会被诊断为患有抑郁症，此时抑郁症可能就成了问题产生的原因。然而，真正的原因却可能是他在工作中太过劳累或者是受到了不公平的对待；无法去学校上课的孩子也同样接受了检查的话，其结果可能就是被诊断为患有适应障碍和发育障碍，但其真正原因可能是在学校遭到了欺凌或者是受到了父母离婚的影响。

对于上述情况，即使是想要治疗这名公司职员的抑郁症，如果他在工作中依旧遭受非人的待遇的话，问题也无法得到解决；即使是想要采取措施来解决孩子不愿意上学的问题，如果被同学欺凌的问题未得到解决，或者是父母的关系依旧未得到改善的话，也是无济于事的。

有时也会有这样的案例，无论采取多少种心理治疗方法来尝试着解决孩子不愿上学的问题，都难以达到效果，但当其精神状态不稳定的母亲开始住院且状态有所改善之后，这个孩子的问题也自然而然地得到了解决。同样还有反复遭遇失败且对药物具有依赖性的女性，在其只会消极对待事物的父亲去世之后逐渐发生好转的案例。

有问题不一定就有原因。之前提到的那位母亲，可能是因为遭到了丈夫的家暴而患上抑郁症，而那位有问题的父亲，则有可能是因为受到与自己父母关系不和的影响。由于因果之间的关系错综复杂，大多时候很难说清哪个是因哪个是果。

在这种情况下，通过查明其根本性的原因并通过解决这一原因来改善问题的方法都不怎么有效，即使能够大致推测出问题的原因，要想从根本上来改善这个问题也几乎是不可能的。

即便在性格上存在缺陷的上司说他是出于工作上的压力导致他苛待手下员工，使之患上了抑郁症，但你也不可能让上司辞职或者建议上司改正其在性格上的缺陷吧？即便知道了施虐的父母是因为他们在成长的过程中也遭到了自己父母的虐待，事到如今也无法改变他们一家虐待儿童的事实了。虽然说认识到问题的原因是非常重要的，但是，有人能够通过这样的认识来改变自己的行为，有人却什么变化都不会产生。

面向未来的焦点解决短期疗法

想要利用有限的时间和资源解决棘手的问题时，就需要一个更加简单且可在短时间内实施的、能够快速看到实际效果的解决方法。

应此要求诞生的便是短期疗法（Brief Therapy）。短期疗法拥有多个流派，各流派的方法及理论各不相同。近年来，逐渐被世人所关注且越来越具有影响力的短期疗法是一种被称为焦点解决短期疗法（Solution-Focused Brief Therapy）的方法。焦点解决短期疗法主要是由史蒂夫·德·沙泽尔[1]（1940—2005）及茵素·金·柏格[2]（1934—2007）在其短期家庭治疗中心的基础上发展出来的一种心理治疗方法，该团队因其活动据点的地名而被称为密尔沃基流派。

密尔沃基流派的特征正如柏格所描述的那样，相比于问题本身，

[1] 为译者注，英文名为 Steve de Shazer。
[2] 为译者注，英文名为 Insoo Kim Berg。两人为夫妻。

更应该把主要的关注点放在能否顺利解决问题上面。也就是说，对于问题而言，与其伤春悲秋地努力探究原因，倒不如去优先解决问题。

在提出这种心理治疗方法之初，很多人十分抵触这种忽略对问题原因的探究，认为只需解决问题便可的疗法理论。事实上，在已经习惯了医学治疗方法的精神科医生当中，这一方法并不受欢迎。然而，近年来对该方法感兴趣的人逐渐增多，并将其诸多的技巧引入了临床治疗当中。之所以会出现这种情况，是因为这种短期心理治疗方法不仅实际简便，而且具有立竿见影的效果。

非常有趣的一点是，这种不关注问题本身而是重视解决问题的结构自身推动了问题的解决。

无论遇到的是什么问题，只要对方开始向你倾诉自己的不满、悲伤来探究问题产生的原因，伤感、愤怒、憎恨及痛苦等负面情绪就会喷薄而出，还会对自己或者自己周围的人开始抱有责备之心——因为谁的问题，事情才变成这样的？因为做了什么才变成这样的？这样一来，就容易导致对方的心情越发沉重、积极性减退，并开始产生消极的想法。事实上，一旦话题涉及问题的原因时，就会出现这种情况。即使是在接受心理治疗的过程中，一旦提到问题产生的原因时，大多数情况下对方的表情都会变得沉重，精神状态也会开始恶化。

对问题原因的探究是面向过去所进行的行为，再如何探究，过去的事情也是无法改变的。有能够弄清并理解问题原因的时候，但同时也会有在毫无道理的事实面前除了感到茫然自失之外别无他法的时候。从意志消沉以及精神上的消耗来看，探究原因这一行为是很难得到相应的回报的。

与之相反，当努力解决问题的时候，人们一般会变得积极且富有活力。即使问题不能够立即得到解决，但当你想要努力完成一件事情的那一刻开始，你就已经开始变化了。解决问题是面向未来所进行的行为。幸运的是，未来是无论怎样都会有所变化的。这相比于对过去感到懊悔并对原因过于纠结的做法，其得到回报的可能性更大。

焦点解决短期疗法最大限度地活用了这一原理。直接跳过对问题原因的探究，不是面向过去，而是时刻把目光投向未来，且所有的沟通都是以解决问题为目标而进行的。

解决问题无非是发现一个视点

在介绍具体的方法之前，弄清解决问题究竟是怎么一回事是十分有益的。人们在遇到烦恼、冲突以及困难的课题时，为什么能够解决这些问题？什么才可以算作问题？解决问题又是怎么一回事呢？

首先列举一个比较简单的例子，让我们一起来思考下“证明三角形”这一个问题吧。为什么这可以成为一个问题呢？并且，为什么我们能够解开这个问题呢？

“证明三角形”之所以能够成为一个问题，原因在于我们无法立即知道它的解决方法，但是，只需要画一条辅助线便能够明白证明它的方法了。也就是说，可以把解决问题看作得到了一个能够看清问题的视点。长期接受几何学训练的人，正是因为他能够在一瞬间找到这个视点，从而得以发现解决问题的答案。从某种意义上来说，问题的答案是已经存在的，区别只在于你能否发现它。若非如此，是无法解决问题的。

当然人生中遇到的问题远比几何学上的问题复杂，并且答案也不一定只有一个。但是，即便如此也还有很多人能够解决这些人生中出现的问题，这是因为他们能够看到解决问题的答案。而那些无法解决问题的人只是因为他们看不到答案罢了。区别就在于此。

对于几何学上的问题，即使当事人无法得知答案，但通过擅长几何学的人的讲解也能够解决问题。然而，在人生中所遇到的问题，是无法由别人代替或指导来发现答案的，这只能由当事人自己去发现。这是因为问题的答案只有当事人自己知道。最了解自身以及其周围状况的只有当事人，并且答案也只存在于当事人自己身上。他之所以一时间发现不了，是因为答案被纷杂的事物所掩盖，从而导致答案就在眼前却不被他所发现。

焦点解决短期疗法就是一种能够帮助当事人去发现那些他们还未看到的答案的方法。

解决构筑：从出口开始走迷宫

为何焦点解决短期疗法能够在短时间内轻松地找到解决问题的方法？可以说这就跟从迷宫的出口开始寻找路线一样。一般来说，迷宫都是被设计成从入口开始寻找路线并会在中途多次陷入死胡同的样式，但只要反过来从出口开始寻找的话，就能够获得一条几乎没有岔道的路线了。人生中所遇到的问题与这种走迷宫的问题非常相似。

站在现在的视角来看待问题，我们的注意力会被错综复杂的岔道所干扰，以至于我们无论如何都无法发现前进的道路。但如果把我们的视角转移到未来，从未来的角度来眺望现在的情况，解决问题的答案就会变得一目了然了。这样做能够帮助我们清晰地分辨出解决问题的中心思路。

换言之，就是要时常从结果的角度出发去看待问题。就这一思考方式，史蒂夫·德·沙泽尔是这样阐述的："通过解决之门最有效的方法就是想象当问题得到解决之后，委托者的行为会发生什么样的变化，以及发生了哪些迄今为止与之不同的事情，并对有利的变化进行预测。”（摘自史蒂夫·德·沙泽尔的《短期治疗中解决方法的关键因素》）

也就是说，解决问题的最佳捷径就是，在脑海中想象当问题解决之后事情会变得如何，并且要弄清楚在变成这一状态之时有哪些事物发生了变化。这与一直以来通过找出问题自身的原因来解决问题的做法是截然不同的。史蒂夫·德·沙泽尔将这一思考过程称为解决构筑（Solution Construction）。并且他发现，相比于解决问题这一目的，将目标放在解决构筑上的话，反而能够更快速地找到解决问题的方法。

反复询问，直到明确目标

多数人迷路的原因不在于他们不识路，而在于他们没有明确自己的目标。这是因为，明明连自己的目标都没有确定，想要顺利地达到目标是不可能的。明确了自己的目标，却不知道达到目标的方法，或者是突然朝着难以实现的目标出发，又或者是把那些谁都无计可施的事情错认为自己的目标，这些情况也不少见。焦点解决短期疗法认为明确自己可达成的目标是非常重要的，这是焦点解决短期疗法的一大支柱。从某种意义上来说，可以认为明确自己可实现目标的过程无非是一个进行解决构筑的过程。

从开始进行沟通之时起，通常会反复询问对方正在追求的是什么、想要变成什么样子，以及现在能够实现的事情是什么等问题，并会为明确这些问题做进一步的沟通。

然而，经常遇到的情况是，当事人并未从真正意义上明白自己所追求的目标，而是把消除自己目前生活中遇到的不愉快当成了对问题的解决。这种情况下，从当事人的角度来看，大多时候会因麻烦的事情和不合理的情况都降临到了自己的身上而感到非常苦恼。也就是说，此时当事人会认为问题产生的原因在于自己周围的事物。对于当事人来说，问题的解决就是除掉那些存在于自己周围事物中的“原因”，但这并不是一件简单的事情，反而容易陷入无法解决问题的死胡同中。为何如此？其原因就在于改变他人及外部世界并非一件简单的事情。

当问题能够得到顺利解决时，究竟会发生什么事情呢？这个时候会发生与之前完全不同的情况。也就是说，随着自身所追求的目标变得越发明确，当事人便会越发意识到为了能够达到这个目标，只需通过改变自身这种方式便能够改变与周围事物的关系了。并且，当事人还能够进一步明确自己需要做出什么样的改变，为此他还会开始摸索具体的解决方法。焦点解决短期疗法能够有效地促进这一过程的进行。

最开始的步骤中所需要的是确定可达成的目标，并且随着事情的发展来改变这个目标也是可以的。

“你现在最想要的是什么？”

“一年之后，你想变成什么样？”

“通过此次谈话，你想获取哪些信息？”

“为了达到这个目标，你现在能够立即采取什么样的行动？”

经常进行这样的提问使当事人不断明确目标的行为可以促进解决构筑的进行。

进展不顺的话就另谋他法

焦点解决短期疗法的另一大支柱就是，采取那些有助于解决问题的行为并坚持执行它，摒弃那些无用的继而另谋他法的原则。相比于从理论上来说应该有效的方法，更注重那些能够看到实际效果的方法。该原则贯彻的是彻底的归纳经验主义。

当问题无法得到顺利解决的时候，就要毫不犹豫地改变方法，直到找到能够让问题得以顺利解决的方法，之后便继续坚持使用该方法，这是解决问题的基本原则。不要把注意力放在对问题解决不顺的感叹以及想方设法找出问题的原因上，而是要关注那些已经得到解决的事情上。由此便要开始采取关注“例外”现象的这一态度。也就是说，要把目光聚焦于那些最终意外地得以解决的事情上，我们重视当事人过去的成功经历的原因也在于此。这是因为，在那些过去的成功经历中或许就有能够让事情顺利进行的启示。并且，在那些经历中还蕴含着能够让当事人恢复自信和希望的力量。焦点解决短期疗法从始至终都是一种积极向上的心理治疗方法。

拿出“第一次听说”的姿态

那么，具体要如何进行沟通呢？

使用焦点解决短期疗法的过程中，可能会像后续章节中要介绍到的那样，把注意力都集中到技巧性的提问上，但基本上与第一章所介绍的沟通方法并无太大差异。其最基本的要求依旧是要做出倾听的姿态。如果没有倾听这一姿态，就无法与对方建立起信赖关系，当然也无法获取有用的信息了。并且，最重要的是，如果没有倾听的姿态，就无法促使对方进行自主性的发言。这种认为只有自主性的发言才能促使变化产生的想法也是继承了罗杰斯所确立的沟通方法。

作为一项在促使倾听顺利进行以及提高说话一方自主性方面有着重要作用的沟通技巧，需要我们时刻牢记在心的便是“不知道技巧”。也就是说，即使是我们已经知道的事情，也要做出“不知道”“第一次听说”这样的姿态来。

无论是专家还是家人或朋友，在听当事人讲述自身经历的过程中，很容易做出“你的事情我早就知道了哦”的姿态。如果这样的话，就很难做出对当事人的自主性表示敬意的倾听姿态了。这就好比被先入为主的观念蒙蔽了双眼，且早就对你下了否定结论的对方进行沟通一样，都是徒劳无用的。然而，哪怕是专家也会犯这样的错误。盲目轻信这些过于先入为主的信息就会阻碍对对方的倾听。

不要说“你的事情我早就知道了哦”，重要的是要用一种像白纸一样的、对什么都还不知道的心态来对待对方。哪怕你已经事先获取了一些信息，也要做出“这是第一次听说”的姿态，并通过“原来如此啊”来回应对方的话，这样做可以让沟通朝着有利的方向进行。

把话题集中在重要的问题上

运用焦点解决短期疗法来进行沟通的过程中，还有一件重要的事情，就是要把话题集中到重要的问题上。对于具体的沟通内容，与其完全让说话一方来掌控，倒不如去帮助对话朝着重要问题的方向进行。

如果时间充裕的话，即使当事人所说的都是些看似无关紧要的话题，对此做出回应的方法也同样具有巨大的意义。但是，如果想在有限的时间内进行有效的沟通，却放任对方把精力放在脱离主线的话题上，便无法就重要的问题进行沟通了。

为了能够解决问题，我们有必要让对方描绘出他所遇到的究竟是什么样的问题，同时还有必要向对方确认，对于他来说何为重要的事情、何为重要的人以及这些事和人对他来说到底有多重要。

焦点解决短期疗法会把沟通的主题集中在对于当事人来说重要的事情以及重要的人身上，并以此来组织对话。为何如此？原因就在于这样做可以自然而然地带给我们如何进行解决构筑的启示。

从这层意义上来说，在当事人几乎没有想要解决问题的意志下，这种心理治疗方法是不适用的。这是因为，一旦按照当事人的节奏来进行沟通，对话的开展方式会因过于急躁而导致最终徒劳无功，并且还容易遭到对方的抵触。但是，在当事人解决问题的意志非常强烈的情况下，这一方法则会非常有效。我们无须太过费心，对方自身就会把话题集中到重要的问题上，并且还会紧紧地围绕着这些话题来展开对话。

在还未明确对方解决问题的意志是否强烈的阶段，先使用第一章介绍的以及第三章、第五章和第六章中将会介绍到的方法，在对方想要解决问题的意志变得强烈之后，再切换到本章节介绍的这种技巧，也是一种可行的方法。

近年来，出于对上述情况的考虑，即使在使用焦点解决短期疗法的过程中，也逐渐开始重视偏离重要问题本身的沟通方式了。在就轻松且对方感兴趣的话题进行交谈的过程中，从中挖掘出他的兴趣点和价值观，并通过这种方式与对方建立起信赖关系。

赞扬的沟通技巧很重要

与倾听一样，表现出同理心和肯定的姿态也是非常重要的。作为肯定姿态的一种表现形式，赞赏和犒劳备受重视，且作为一项沟通技巧被我们称为赞扬（compliment）。虽然赞扬含有一丝奉承的意味，但它并非是嘴上说说而已的空洞的话。根据现实中的同理心来赞扬对方是非常重要的，这一点也是继承了罗杰斯的理论。

赞扬的技巧，除了直接进行表扬以及对其辛苦和努力进行犒劳之外，还可以采用提问的方式。

可以向对方提出类似于“你是如何发现这件事情的呢？”以及“你是如何做到如此努力的呢？”这样的问题。通过这样的提问，不仅可以让对方感受到自己的行为获得了赞扬，通过回答这些问题，还可以进一步促使对方产生令人期待的行动以及想法。这一技巧在下一章将会介绍的动机式访谈法中会经常用到。

此外，与同理心有着密切关系的非语言表现方式的重要性就更无须多言了。姿态、表情及说话氛围等非语言的行为都可以传递出比语言行为更多的信息。太过拘泥于对技巧的使用，并且忽视了这一基础的话，面谈就变成了光说不练的假把式，对方也会觉得自己的心情并没有被我们所理解。

反馈关键词

罗杰斯确立的沟通方法非常重视通过开放性提问和反应式倾听来进行反馈这一做法。这是因为这种方式在能够引导对方进行自主性交谈的同时，还非常有助于我们整理对方的观点。

焦点解决短期疗法中也会尽量使用开放性提问，通过“什么样”“怎么做”“为什么”等自由度较高的疑问词来引导对方做出更富有自主性回答的同时，对对方的话进行整理继而获得反馈。

然而，进行反馈的方式并不需要如同照镜子的反应式倾听那样无比忠实地反映对方所说的话，其所采取的方式是只对重点内容进行反馈，是一种具有更高自由度的方法。

在重复对方的话时，也主要就其关键的部分进行反馈。通过重复那些关键语句来向对方提问其究竟是怎么一回事。

比方说，当遇到“我已经厌倦了。太过分了，总是这个样子，我已经受够了”这样的回复时，如果对“总是这个样子”这句话有疑惑的话，可以用“总是这样？”这种略带惊讶的疑问形式来重复对方的话，并且可以提出“所谓的‘总是这样’究竟是怎么一回事呢？”这样的疑问，来寻求对方做出进一步的说明。

换言之，在这一点上，对对方的话进行归纳也同样是一种非常重要的反馈行为。要时刻注意尽量不去妨碍当事人的发言，并要通过简短的语句来归纳对方所说的话。

归纳这一行为，通过在对问题进行整理的同时将问题客观化的做法，具有能够让我们冷静思考的作用。通过归纳，不仅能够让说话一方变得冷静，同时还具有让倾听一方也变得冷静的效果。单方面地接受另一方的恶劣话语，倾听一方的心情也会变得阴郁，这对倾听的姿态就会产生微妙的影响。此时，通过“我稍微总结下您刚才所说的话，是……这么一回事吗”这样来进行归纳的方式，则能够让倾听一方具有更加客观的观点。

使问题标准化

除此之外，使用机会比较多的这种进行反馈方式还有一种使其标准化的技巧，此时所说的标准化指的是“并非特殊对待，而是一视同仁”。这是一种不表现出同理心的方式，而是采取中立的态度，来向对方平静客观地表达出我们对问题的冷静看法的沟通技巧。这能够防止我们过于情绪化，从而能够让我们重新冷静地审视当前的情况。

比如，假如你遇到一个不愿意去学校上课的孩子，他遭到了其母亲的暴力对待，而他母亲情绪低落和激动的状态又波动得非常厉害的话，此时，即使对这位母亲表现出再多的同理心，参与到她波动激烈的情感旋涡中，也只能使问题得不到解决罢了。这是因为当这位母亲过多地陷入问题本身，就无法让问题朝着解决构筑的方向发展了。在这种情况下，倒不如干脆一边跟她说着“对于这种不愿意去上学的孩子，家长暴力对待也是经常有的事情啊”来表现出我们的同理心，一边向其表现出我们对于事件的本身并没有过多的重视，这样做就能够更容易地切换到母亲的视角来看待问题。我们一旦做出这样的回应，连握着手帕愤愤不平的母亲也会惊讶地抬起头来望向我们了吧？一旦这位母亲做出这样的反应之后，我们就要不失时机地说道：“再如何感叹，事情也不会有所进展的。倒不如让我们一起来思考该如何解决这个问题吧。”通过这样说就能够进一步促使对方转换自己看待问题的角度。

传达疑问、发现和惊讶

作为一种时常会给予对方冲击力，促使对方产生新发现及新变化的反馈方式，还可以向对方传达我们感到疑惑的、我们意识到的以及感到惊讶的事情。有些事情虽然对于当事人来说是理所应当的，但从第三者的角度来看并非如此。也就是说，要把这种传达出疑问、发现及惊讶的方式变成促使对方去意识到这种理解误区的存在，知晓还存在与其看法不同的观点以及促使对方去重新审视自己的一个契机。

比如，我们可以提出这样的疑问："我实在是理解不了啊，为什么某某会如此地在意他的母亲呢"或者通过"唉……，原来如此"这样的反应来表现出我们的惊讶，这也是其中的一种方式。

此外，这样做还有助于指出对方之前并未意识到的矛盾以及言行上的不一致。在这种情况下，同样需要注意不要给对方造成我们在为难他的错觉。比方说，我们可以通过这些话来事先询问对方的意愿，"我可以稍微说一下我注意到的一件事情吗？”或者是“之前就已经注意到一件事情了呢，我可以稍微说一下吗？”这种在继续引起对方注意的同时，采用不咄咄逼人且较含蓄的语言来进行沟通的方法是非常有效的。在此基础上，则可以通过“我实在是觉得您是……样的，您自己觉得呢”来阐明自己发现的同时引出对方对自身的评价。这是因为经由当事人自身就当前情况发表意见的做法能够促使其重新认识自己并做出改变。在第四章中介绍的纠正认知的沟通方法中将会进一步具体接触到这一沟通技巧，虽然在目前所介绍的焦点解决短期疗法中，还未深入涉及有关认知层面的问题，但从能够让对方意识到妨碍问题解决的障碍物也许就在其自身的这一方面来看，这种语言运用技巧也是很有用的。

通过提问引导对方自我知觉

相比于直接指出问题所在的沟通方法，焦点解决短期疗法的专长则在于能够通过提问的方式去促使当事人自身意识到问题的所在。

比如，假如有一位公司职员认为自己遭到了身边同事的排挤，对于这种孤立的境地他感叹道：“谁都不愿意同我讲话，对我的态度都是冷冰冰的。跟他们打招呼的话，有时候还会直接被无视。我每天都如坐针毡。”

此时，你可能会这样问他：“你认为自己需要做出哪些改变才能够改善这样的状况呢？”但是这样的提问方式经常会导致相反的结果出现，也就是说反倒会让对方认为错并不在自身而是在于身边的人，并认为自身并不需要做出任何改变。即使不会出现这样的相反结果，只从自身的角度出发去考虑问题的做法也很难会有好的想法出现。

那么，如果像接下来这样做进一步提问的话，事情又会变得如何呢？

“假如你去询问自己身边人的意见，问他们为了改善这样的状况该如何做才好的话，你认为自己会得到什么样的回答呢？”

对于这样的提问，有人会觉得猝不及防，也有人会因这个奇怪的问题而感到疑惑吧？但对方如果是真心想要解决问题的话，对于这样的提问应该会很认真地思考的。这样做就不会像之前的提问方式那样，让对方产生明明错不在我却为何需要我来做出改变的反感情绪。这是因为此时考虑问题的视角已经由对方自身转移到周围人的身上去了。因此，才能够促使好的解决办法产生。在对提问进行回答的过程中，对方也能够意识到自己正在回答的是其自身所需要的答案。

接下来的这种提问方式在焦点解决短期疗法中也会经常被用到。

“假如这样的状况得到了彻底改善的话，当你向身边的人询问改善的理由时，你认为自己会得到什么样的回答呢？”

又或者是，“假如这种情况完全变好了的话，你认为自己面对身边的人会做出什么样的行为呢？”

这些问题虽然都是就问题已经得到解决之后的情况进行的提问，但它们具有能够让对方意识到在当前状况下其所欠缺的是哪些东西的效果。那就是，相比于身边人所欠缺的，实则其自身也有欠缺的东西。

此时，我们可以领悟到，当遇到对方认为问题在于其身边人且觉得无论自己做什么都无济于事的情况时，通过让对方重新意识到其自身也存在问题的方法，可以让对方在思维上进行转变，即能够让对方意识到通过自己的决心和努力也是可以改变当前状况的，这便是一条问题解决的捷径。这种沟通方法是之前介绍过的从出口开始走迷宫的一种典型方法。

焦点解决短期疗法的最大特征就在于它把提问当作了解决问题的主要武器。通过在提问上面下功夫，可以促使对方自身意识到问题的所在并从自身做出改变。虽然对于并不相熟的人来说，这样做可能会给他们留下一种我们是在卖弄技巧的印象，但是这样的沟通方法是具有巨大效果的。

捕捉对方积极的元素

为了强化对方想要解决问题的意志，一旦对方稍微表达出一些比较积极的看法之后，就要及时地做出反应，来强化对方的这种意志。

当对方不再对问题进行感叹或者说一些责怪他人的消极话，而是就自己想要解决问题的意志、对于此种情况该如何做才好所做出的摸索、问题得到解决之后自己将来想要做什么事情以及之前曾有过的成功经验等想要解决问题的线索发表积极的看法时，就要不失时机地捕捉到这些信息，继而进行反馈，并以此进一步朝着进行解决构筑的目标前进。

为此，能够起到有效作用的强有力的手段果然还是提问这一方法。一旦对方说出了积极的话，就要立即理解这些话并做出反馈，再通过反复提问的方式来将对方的积极想法深化为更具体、更强有力的解决问题的意识。

比如，有一个年轻人虽然一心想要找工作却一直没有采取实际行动。当这位年轻人说出“虽然想要做些什么啊，但一旦正式开始，身体却怎么也活动不了，因为已经习惯这样的状态了”，此时，最为重要的是不要对他所说的“身体却怎么也活动不了”“已经习惯这样的状态了”等否定的话语及辩解做出回应，而是要把注意力集中到他所说的“想要做些什么啊”这样比较积极的话上面。对于这种情况，首先表现出惊讶，然后通过“为什么”“怎么做”等疑问词来进行提问也是一种方法。

“你也想过要做些什么的啊？明明之前说了不想做任何事情的，为什么会有这样的想法呢？”又或者“你说想要做些什么啊，具体是想要做什么事情呢？”，通过这样的提问可以让沟通深入下去。

焦点解决短期疗法所追求的主要就是强化并增加以解决问题为目标的问题解决型对话（Solution Talk）的治疗效果。之前也有介绍过，这是因为这一方法能够提升当事人的情绪和自信心，从而能够更加容易地解决问题。

活用等级划分提问法

在捕捉到对方具有积极解决问题的意愿并且能够强化他这一意愿的基础上，还有另一种被频繁使用到的重要沟通技巧，那就是进行等级划分的提问方法（Scaling Question）。之后介绍到的动机式访谈法等沟通技巧中也会使用这一提问方法。

这种提问方法主要是用 0 ～ 10 来对目前状况的顺利程度、对方想要解决问题的积极意愿以及对成功解决问题的信心等进行等级划分。

“您能说一下目前状况的顺利程度吗？如果用 0 ～ 10 来对它做一个等级划分的话，会是哪一个等级呢？”

“您想要解决问题的意愿有多强烈呢？如果用 0 ～ 10 来对它做一个等级划分的话，会是哪一个等级呢？”

“您对成功解决问题的信心有多大呢？如果用 0 ～ 10 来对它做一个等级划分的话，会是哪一个等级呢？”

将这些抽象的事物通过客观的数字表达出来，无论是对当事人还是对我们来说，都能够以浅显易懂的方式来共享当时对方的心态。

运用进行等级划分的提问方法时，很重要的一点是要经常向对方表示肯定性的评价。即使对方回答的程度等级是 2 或 3，也绝对不可以认为这个等级太低了。这个时候反而应该略带惊讶地接受对方的这个回答，并通过“为什么不是 0 或 1，而是 3 呢”这样的提问来让对方主动说出其自身想要解决问题的意愿，并强化他的这一意愿。

如果对方在回答了 3 之后又将等级改为 4 的话，就可以询问对方为什么会有这样的变化，通过对这一问题的回答，对方在意愿上产生的变化就能够变得更加明确了。

进行等级划分的提问方法还有另一种活用方式，那就是把进行等级划分的数字与具体的目标一一对应起来。

假设对方将目前状况的顺利程度评定为 3 等级。在这种情况下，就可以询问对方：

“那么，程度为 10 的等级是怎样的一种状态呢？要达到哪一目标其等级才能够被评定为 10 呢？”

这样一来就可以帮助对方明确何为自身的真正目标。

此外，通过询问对方“那么，等级为 8 的状态又是怎样的一种状态呢？要完成哪些目标才能够认为它达到了等级为 8 的状态了呢？”则可以让对方说出自己对各个阶段具体目标的设定。并且，通过使对方就“那么，对稍微低点的等级 4 的状态来说的话，需要达成哪一目标才能够认为其等级达到 4 了呢？”这一问题做出回答，就可以明确其在每一阶段的实现目标了。

“等级为10的阶段便是最终目标。为了达到这个10的等级，就需要一个阶段一个阶段地依次达成相应目标。从今天您所提到的所有目标中，稍微可以看得出您认为最先应该做哪些事情才好，您觉得是这样吗？”

进行等级划分还有最后一种为人们所熟悉的使用方法，那就是对对方的依赖程度进行提问，即向对方提出这样的要求：“（在解决及应对问题的时候）你有多依赖其他的人呢（可以依靠自己的能力解决问题吗）？请用0～10来表示你对他人的依赖程度。”这样的提问可以让对方意识到自己对周围人和事物的依赖程度，从而产生积极的连锁反应。

运用假设法来消除抵触情绪

越是困难的案例就越容易出现不确定因素，越是想要推动问题的解决，越让对方产生抵触情绪，甚至还容易导致矛盾的加剧，使对方产生要坚决反其道而行的逆反心理。

借用先前的例子来进行说明，所谓的“身体活动不了”其实就是对变化的一种抵触表现，再如何单方面地强化他所说的“想要做些什么”的意愿，对方心里也依旧会存有“想要改变这种状况是不可能的”情绪，甚至可能会让这种消极情绪加剧。

下一章节中将会学习到的动机式访谈法主要是从正面积极地面对矛盾，并试图以此来克服矛盾，但本章的焦点解决短期疗法则直接忽略了矛盾本身，采用了与其完全不同的方法来试图解决问题。正如之前所介绍的那样，该疗法所采用的是从迷宫的出口开始寻找路线的解决思路，这便是焦点解决短期疗法中经常使用到的“假如……的话”

这一沟通技巧。再用刚才的例子来进行说明，这时你可以向对方提出这样的问题："假如身体变得轻盈、开始逐渐变得能够活动了的话，你会做些什么呢？"

对方可能就会回答道："这个嘛，如果身体能够活动了的话，我想我会开始去找工作吧。"也可能会回答道，"想要去旅行或是干些其他的事情吧。"无论是哪一种回答，都能够让对方更容易地说出之前一直未能说出口的意愿。

如果对方说出了"会开始找工作"这样的话，接下来就可以顺势表现出惊讶并用"为什么"来做进一步的提问了。

"你之前一直认为自己没有想过要找工作，为什么会有这样的想法呢？"

于是这样就可能让对方说出他的内心还是有想找工作的欲望的，又或者是向我们表明其实他是因为认为自己反正也找不到，所以才一直没考虑找工作的事。

并且为了消除对方的抵触情绪，还可以接着用"假如……的话"的疑问句式来询问对方。

"假如找到工作的话，你会发生什么样的变化呢？"

"假如找到工作的话，会和现在的自己有哪些不同呢？"

"假如找到工作的话，是因为发生了什么变化吗？"

通过这样的询问方式，可以促使对方去想象之前从未思考过的理想中的自我形象。这样一来，就能够刺激、扩展并进一步增强对方对未来的展望了。

有时候，抵触情绪会再一次出现，让你从假设的情况重新回到现实中。

“虽说是假设……但我肯定是通不过面试的”，可能就会像这样，对方因为对现实中的自己没有自信，继而拒绝对理想的自我形象进行想象。

这时，可以把情况假设到最糟糕的状态，重新顺势提出这样的问题：

“原来是对面试没有自信啊。但是，假设你面试通过了，当你询问自己通过面试的理由的话，你认为面试你的人会说些什么呢？”

“如果面试通过了的话，你认为迄今为止自己发生了哪些变化呢？”

哪怕比较费时间，但只要开始对这个问题进行思考，就可以成为突破对方心理防线的契机了。

奇迹提问法

这种使用假设法来进行提问的终极手段被称为奇迹提问法（奇迹的疑问，Miracle Question）。该方法由茵素·金·柏格最先使用，并以动机式访谈法为代表，被诸多心理治疗方法采纳并借鉴。

奇迹提问法，从字面上来理解，就是在假设发生了奇迹（miracle），即问题得到了解决的前提下，当事人的理想愿望得以实现了的时候，让其阐述自己将会发生哪些变化的一种沟通手段。

该方法在引导对方产生做出改变的欲望以及为发生改变所需的条件时非常有效，有时候还能够真正促使“奇迹”的发生。

比如，对于无法停止使用药物的人，询问他如果发生了奇迹即他能够完全停药的话，在这种情况下，相比于询问对方因为停药而发生了哪些变化，更应该把注意力集中到是因为发生了哪些变化才促使他最终停药的这一问题上。也就是说，相比于询问对方“如果奇迹发生了，会发生哪些变化呢？”更应该提出这样的疑问：“如果奇迹发生了，是因为发生了哪些变化呢？”通过这样的提问，可以让对方意识到，所谓的发生改变并不是周围环境的变化，而是其自身发生了变化。这样，就可以促使对方自发寻找并发现为了做出改变需要具备哪些条件。

为了能够让奇迹提问法有效地发挥作用，掌握好时机和使用方法是非常重要的，仅仅卖弄技巧是无法顺利解决问题的。在深刻理解了对方在心理上的绝望以及对其具有了十足的同理心的基础上，再使用这种方法来做出提问，能够更容易触发“起死回生”的巨大转变。

此外，为了进一步调动对方的情绪，对提出问题的方式下功夫并事先对情况进行假设就变得很有必要了。

比如，像接下来的这种情况，进行假设的方法就会经常被使用。

“请稍微想象一下可以吗？你决定就今天我们所进行的谈话内容采取行动，之后便回到了家里，并且今天晚上睡得特别香。此时假设这样做了之后，在睡觉期间发生了奇迹，也就是你现在遇到的问题都得到了解决。而第二天的早晨，谁都不知道已经发生了奇迹，包括你自己。那么，你要如何知道奇迹发生了呢？你最先意识到发生了奇迹的征兆是什么？”

对于这样的问题，患有药物依赖症的对方，可能会做出这样的回答：“会不会是因为感觉身体比以前轻松多了，并且前一晚还睡得特别香了呢？”

“你还能看到哪些其他的征兆吗？”

“会不会是因为不再去想药物的事，而是开始考虑其他的事情了呢？就像之前那样可能会开始想要活动下身体，又或者是开始考虑与工作相关的事情了吧？”

“你还能从哪些其他的事情上发现奇迹已经发生了呢？”

“大概是无论外出还是看手机的时候都不再想药物的事情了吧？并且还发现自己对药物开始发生厌恶的情绪，看到贩卖药物的人的电话号码，还会因生气而删除它了吧？”

通过这样的一问一答，就能够轻而易举地了解到一旦问题得到解决，对方将会是怎样的一种具体形象了。

另外，“如果发生了奇迹的话，会发生哪些变化呢”这样的提问方式其实也是有用的。这种提问方式能够消除对方的抵触情绪，使对方能够更加轻松地回答问题。帮助对方去想象发生变化之后的自我形象，并以此来强化对方想要做出改变的意愿。这作为一种并不需要太多技巧的沟通方法，初学者也能够轻松掌握。

即使是对于那些至今一直困于现状、思想上无法向前迈出一步的人，通过对“奇迹”进行假设，也可以解除他们来自现实的束缚，让他们更轻松地说出那些他们之前一直压抑在内心且深信不可能的种种愿望或者他们想要实现的目标。这其中多数包含能够让目标达成的启发要素。

发生了奇迹，即停止了对药物依赖的受访女性说出了下面的一段话。“若果真如此的话，我想我可以体会到至今从未感受到的快乐吧。我会开始对时尚和烹饪感兴趣，会愉快地去购物、看电影、旅行，等等。因为当我开始对药物产生依赖之后，我对这些事情都失去了兴趣。并且，最重要的变化应该就是我同家人的关系吧。我可以变成更加值得信赖的人，不用再躲躲藏藏、鬼鬼祟祟的了，也不用再向他们撒谎，我们的关系也会变得更好的，也不会再去背叛他们、伤害他们。若果真如此的话，那我的心情会变得无比舒畅的。”

通过这样的提问方式，使她说出了一直抑制在内心的真实情感，并成了激发她的活力的一个重要契机。

假设性提问可能得不到回应

奇迹提问法并非对于任何人都是有效的，有时候也会出现当事人对于这种技巧性的提问拒绝做出回应的情况。对方可能会这样回复你："再怎么去想那些不可能的事情也是无济于事的"，又或者直接说"我不知道"来拒绝对假设情况进行想象。这其中便含有当事人对于思考自己的未来所怀有的抵触情绪。

该提问方法无法顺利实施的原因，大多是在双方之间的关系还未完全建立起来的阶段便着急地想要取得成果。此时，你再如何卖弄技巧，对方也不会买账的。因此，首先最主要的就是把焦点集中到对方感兴趣的事情上，怀有同理心地去倾听对方的话，并通过这样做来确立起双方之间的信任关系。从这一意义上来说，当对方拒绝做出回应时，不再继续纠结于这一点，而是退而求其次地切换应对方式才是明智之举。

提前询问对方“您的想象力丰富吗？”或者是“可以问您一个稍微需要点想象力的问题吗？”让对方事先有一定的心理准备也是一个不错的方法。

人际关系提问法

焦点解决短期疗法中还有另一种非常重要的，被称为人际关系提问法的沟通技巧。该技巧主要是针对对于当事人来说很重要的身边人（例如父母、配偶、子女、恋人、同事、朋友等相当重要的存在）的关系提出相关性的问题。例如，类似于“假如您找到了工作的话，您会做出什么样的改变呢？”这样的提问是没有把对方的人际关系包含在内的，而类似于“假如您找到了工作的话，您与您母亲的关系会发生什么样的变化呢？”或者是“假如您找到了工作的话，您父亲对您的态度会发生什么样的变化呢？”这样的提问就是对其人际关系进行的提问。

通过运用人际关系提问法，能够更加容易地让问题的本质浮现出来，因此也就能够更容易地解决问题。人们所遇到的问题，不同于几何学上的问题，它必然会与当事人身边的重要关系者有一定的联系。

即使是因赌博而负债的问题，导致其成为一个严重问题的原因也在于它把当事人的身边人卷入其中了。反过来也可以认为解决问题的突破口就在于此。仅仅认为只是因为参与了赌博导致遇到负债问题的这种看法，是无论如何也找不到解决问题的方法的。因为对赌博越发上瘾而导致与家人共处的时间越来越少，以及因负债问题而导致家人备受煎熬等情况逐渐变得明朗化了之后，就能够慢慢找到解决问题的突破口。

“假如您能够成功戒赌的话，您的妻子和孩子会如何看待您呢？”“您与妻子和孩子的关系又会发生什么样的变化呢？”“如果发生了奇迹，您的负债都得以还清了的话，您想要为自己的妻子和孩子做些什么事情呢？”……

提问时，与当事人关系密切的人可以是问句的主语，也可以是问句的宾语。

人际关系提问法在增强并巩固当事人对解决问题的意志方面是一种非常重要的手段。

着眼于例外现象

焦点解决短期疗法是一种把对问题原因的探究束之高阁，优先去考虑如何解决问题这一实际结果的注重实用主义的心理治疗方法。从某种意义上来说，无论是哪种沟通方法，只要它能够有效地解决问题，就可以把它当作有效的方法来采用。相反，无论是建立在多么伟大的理论基础上的方法，如果它无法解决问题就会遭到弃用。实际上解决构筑就是在这样反复进行摸索、尝试的过程进行的，而焦点解决短期疗法也是在这样的过程中根据经验建立起来的方法论的集合体。可以认为，该方法本身就具有不断进行摸索、尝试的属性。

如果遇到的状况或者当事人发生了变化的话，采取的具体沟通方法也应该相应地有所变化，不可能永远使用同一种沟通方法。也就是说，并不存在能够适用于所有情况的、具有普适性的沟通方法。只要对当事人来说是有效的，它便是好的方法。

对于这种情况，具有象征性意义的表现便是在焦点解决短期疗法中非常重视例外现象的存在，即主要着眼于例外的现象，并以此来逐渐谋求问题的解决。

比如，即使整体上的状况都很糟糕，但意外地也会存在情况变好的时候，这个时候就要着眼于这个例外的好状态了。有状态非常糟糕的时候，但也有非常好的时候，这种情况虽然在现实生活中会经常出现，但大多时候这些好的状态会因后续的状态不佳而导致大家逐渐对此失去印象。因此，不能消极地认为偶尔出现的良好状态只不过是意外的现象或是“偶然事件”，而要把它当作一种掌握着希望钥匙的状态，它预示着状态有能够变好的可能性。

这种对例外现象的关注并不需要局限于现在。只要在过去也存在进展顺利的时期或者成功的经验，也可以把注意力集中到那上面去。

“为什么当时会那么顺利呢？”

“当时与状态不佳的时候有哪些不同呢？”

通过提出这样的问题，在帮助对方找出有助于问题解决的有效方法的同时，还能够让对方逐渐意识到其自身所具备的能够让事情顺利进行的能力以及其他可能性。当事情进展不顺的时候，任谁都会容易觉得什么都不顺利，从而会进一步朝着糟糕的状态发展。这样一来，就会造成对方极度地没有自信，从而使对方越发地认为自己没有处理问题及解决问题的能力。

使对方理解虽然很是短暂但曾经也有过状态良好的时候，所以不应该认为事情全都是糟糕的，并且让他意识到在现实生活中自己也曾有过成功处理问题及克服困难的经验，这就能够使对方在如同黑暗一般的现实状况中重新找回希望的曙光。

关注自身强项提问法

为了改变对方对自己的处理能力或者解决问题的能力抱有的消极态度，所使用的提问方法就是关注自身强项提问法（Coping Question）。根据对方的一个小小的进步，或者是过去的某个成功经历，可以提出类似于这样的问题：

“为什么能够做到那些事情呢？”

“为什么能够顺利地处理那些问题呢？”

“能跟我讲一下当时顺利处理那些问题时的具体情况吗？”

以此来让对方回想起事实上自己也有过顺利解决问题的经历，能够借此促使对方去思考在解决问题的过程中什么才是最重要的。

像这样在能够促进问题解决的基础上，在寻求具体的解决方法的同时，让对方找回对自身能力的认同感是非常重要的。

解决型对话

随着沟通的进一步深入以及解决构筑进程的进一步发展，即使是在一开始只会说一些诸如烦恼或不满的消极话的人，也能够变得积极主动起来。他会开始对未来拥有希望并产生想要成为某种状态的愿望，还能够下定决心去寻找如何才能解决问题的具体方法，并且无论结果如何都会去努力地解决问题。

我们把那种过度纠结于烦恼及不满等问题的消极对话称为“问题型对话”（Problem Talk）；与之相反，则把能够帮助解决问题的积极向上的期待、希望、方法及决心等称为“解决型对话”（Solution Talk）。

问题型对话较多时说明对方还处于离问题解决很远的状态，随着越来越接近问题的最终解决，解决型对话会逐渐增多。问题型对话会导致当事人自身意志消沉，具有降低自信和意志的副作用；而解决型对话则能够让当事人自身的情绪变得开朗积极起来，具有提高其自信和意志的作用。也就是说，可以认为不进行问题型对话而是增加解决型对话的做法，能够让当事人的情绪变得积极主动起来，继而逐渐引导出解决问题的有效方法。

以往在做心理咨询时一般会采用问题型对话方式，并试图通过这种方法来等待当事人主动地萌生想要解决问题的欲望及决心；而在焦点解决短期疗法中则主要是通过积极促进解决型对话的方式来在更短的时间内取得一定的成效。此时可以认为，在挖掘问题的根源还不深入以及允许对话的时间有限的情况下，相比于深入地进行问题型对话，让对方出现情绪及欲望低下等的糟糕状态并因此导致预定时间超时而言，这种能够优先引导出与所花费时间成正比的成果的解决型对话方式才是更加切实有效的方法。

尽管如此，在问题根源很深且当事人受伤的想法非常强烈的时候，仅仅想通过解决型对话来引导出解决方法是很难做到的，即使能够引导出解决方法也容易停留在表面阶段。在表面假装积极地采取行动去解决问题，非但不能引起本质上的变化，有时候还会导致对方进一步做出与口头完全相反的行为。对于这种相当棘手的案例，如果不在一段相当长的时期内，持续采用问题型对话的方式让对方尽情地吐露自己的负面情绪的话，就难以从真正意义上进入解决型对话的阶段。

然而，即使是面对这样的案例，为了不再一味地延长这种胶着的状态，正如增加解决型对话的方式一样，可以说做出回应及肯定性的反应也是非常重要的。只要增加了解决型对话，再进一步朝着具体的计划以及实际执行的方向发展，就能够在现实生活中促进问题的解决。

人们往往会认为问题能否得到解决与其具体执行过程中的顺利与否有关，然而只要曾在实际生活中试着帮助那些陷入困境的人便可明白，问题能否得到解决主要与在采取具体行动之前的那个过程有关。只要解决问题的方法是切实可行且明确的，接下来就是时间和体力的问题了。当然，虽说要具体问题具体分析，但只要是在真正意义上解决问题，大多数情况下具体执行阶段中所遇到的阻碍相对来说就比较容易克服了。因此，最终是否执行了明确的决策是能够极大地影响问题能否得以解决的关键。

第三章
发现矛盾情绪，让奇葩听你的

正确了解自身存在的两价性矛盾，能够帮助我们产生更加强有力的决断力以及行动力。

烦恼的根源：两价性矛盾

人一旦被烦恼所困就会变得难以行动。无论是具备多高行动能力的人，一旦如此就会变得束手无策，他的行动能力也会降低。这是因为当人们遇到烦恼的时候，就会失去方向感，从而陷入一种不知道该去向何方的状态。

当人们烦恼且迷茫的时候，就会看不清楚应该朝哪个方向前行，无论哪个方向都觉得不对。人们会感到烦恼及迷茫的根源在于，这两种情绪自身就具有不知该选择哪个方向的矛盾因素（dilemma）（即两价性矛盾），可以说这种两价性矛盾才是烦恼的本质。越是烦恼的时候，这种矛盾就会越强烈。

所谓的两价性指的是一种同时怀有相反的两种情绪的心理状态。比如对自己妻子（或丈夫）的爱与对自己情人的情，人类就是这样一种在这两种矛盾情绪之间摇摆不定的矛盾生物。要说这种两价性织就了我们的人生篇章，那也只能说是一种名为“烦恼”的人生篇章。

当我们在选择自己应该前行的人生道路时，如果得不到明确的答案便会感到烦闷。著名的美国小说《飘》中，女主人公郝思嘉就因不知道自己爱的到底是富有魅力却危险的花花公子白瑞德，还是安静且诚实的男士卫希礼而感到烦恼。虽然她最终选择了与白瑞德结婚，但婚后她很快便因自己的这个选择而感到后悔。

为何郝思嘉没能做出正确的选择呢？其原因就在于，她在某些方面爱着白瑞德，但同时在其他方面又爱着卫希礼。一方面，郝思嘉倾心于白瑞德的勇敢及富有行动力的魅力，却讨厌他的傲慢和我行我素；另一方面，她虽然喜欢卫希礼的热情以及献身精神，又讨厌他的胆小以及跟女人似的柔弱性格。无论是哪一位都有优点和缺点。应该去爱这位男性，还是应该去爱那位男性，这对于大部分的女性来说都是个非常重要的问题，这也是两价性矛盾的一个典型例子。

除此之外，两价性矛盾还存在于其他诸多的状况中。例如，学生因不知该选择哪条出路以及哪个行业而感到烦恼；患有酒精依赖症以及赌博依赖症的男性因不知自己是否该戒掉自己的这种嗜好而感到迷茫；在工作中一直无法取得成果的人因不知该不该改变目前的做事方式而感到忧心忡忡……

通常情况下，我们都会因自身抱有的某种两价性矛盾而导致自己的决断力以及行动力变得迟缓。反言之，正确了解自身存在的两价性矛盾，能够帮助我们产生更加强有力的决断力以及行动力。

应对情绪两价性

沟通具有非常重要的意义时是当其能够鼓励他人做出某种改变的时候。然而，多数情况却是无论你如何磨破嘴皮地去开导对方，非但没有起到帮助其改变现状的作用，反而起到了相反的作用，让情况变得更加糟糕。有时，当事人还会因失去信心而放弃做出改变，又或者是变得害怕做出改变。

该如何鼓动那些已经完全失去信心的人，让他们能够重新拥有想要试着做出改变的意愿呢？并且，能够有效地鼓励他人采取行动的方式与产生反作用使得结果朝着与原设想完全相反的方向发展的鼓励方式有哪些不同呢？

恐怕这与我们对人类这种生物所具有的两价性矛盾的理解程度有关系。虽然说是否善于与他人交往是与各种各样的因素相关，但其中最为重要的一个因素就是，我们对于人类所具有的这种两价性矛盾的理解到底有多深以及我们是否领会了应对它们的方法。

人类内心的问题不能像对待数学问题那样去应对，在数学领域中，A 只能是 A，而人类内心问题中的 A 在通常情况下是 A，同时也有可能会是 A’。

在人类的内心当中，同时会存有想要做些什么的心情和什么都不愿意做的心情，以及对于某个人也会同时有喜欢和讨厌这两种情绪存在，这种情况并不稀奇。此外，同时有想要做出改变的意愿以及不愿意做出任何改变的意愿，会同时认为自己能够成功做到以及认为自己根本做不到的情况，这些情况都是十分正常的。

说一句题外话，关于本章所介绍的能够克服这种两价性矛盾的沟通方法，我们试着在大学里给那些研究人员做过演讲。当我们让他们通过一些事件来实际地体验这种两价性矛盾时，一位印度的研究人员对此表现出了极大的兴趣，这位研究人员所说的认为这种两价性就是一种佛教教义的话让我印象深刻。可以说，在亚洲的知识体系中，对于这种两价性（unbalance）是有着比较深刻的理解的。

只要这种情绪上的两价性并不强烈，即无论是其中的哪一种情绪如果占到八九成的话，人们一般不会那么迷茫，也就能够果断地采取行动了。尽管如此，如果有人过于压制那剩余的一二成其他情绪的话，那么他在某个出人意料的瞬间就会做出令人始料未及的行为，导致所有的一切都要推翻重来，这也是人类会经常出现的情况。因某一事情而感到烦恼的状态正是这种矛盾性最为强烈的时候。对于解决这种与人类内心相关的问题，即为了能够让我们产生想要解决矛盾及烦恼来改变现状的意志并采取实际的行动，能否有效地应对这种情绪上的两价性是非常重要的。

像这样，在应对情绪两价性的时候，沟通所具有的能够统合矛盾及对立关系的功能就能够发挥极大的作用。但同时，沟通又具有一旦使用了错误的方法反过来便会加深矛盾及对立关系的另一面。那么，为了能够有效地应对这种情绪上的两价性，我们需要采用何种沟通技巧呢？

让人快速拥有改变意愿的动机式访谈法

把问题的焦点放到这种具有两价性的矛盾上，并通过解决两价性矛盾来促进对方的意愿及动机的沟通技巧便是动机式访谈法（Motivational Interviewing）。动机式访谈法通过帮助当事人解决其自身的两价性矛盾，使得对方能够松开那个一直阻碍其采取实际行动的手刹。并且，这种沟通方法能够在短时间内取得有效成果。

该沟通技巧虽然不能够在短时间内改变人的性格或是让对方获得处理问题的能力，但通过以往的实际经验可知，它能够在短时间内让对方拥有想要做出改变的意愿（积极性）。事实上，使用该沟通方法对患有酒精依赖症的患者进行心理治疗后的结果表明，不仅仅在最初阶段明显地认识到了它的有效性，之后反复观察这一沟通方法的有效性也未发生改变。

该方法最初是为了帮助患有酒精依赖症及药物依赖症的患者而开

发出来的心理治疗方法，如今则应用于两价性矛盾非常强烈的各种状况中。在当事人想要去学校又不敢去学校的时候，或者是烦恼于无法对结婚或离婚做出抉择的时候，又或者是在帮助那些因做了违背自身意愿的事情而开始敷衍不再积极努力的人的时候，使用该沟通方法能够发挥奇效。

事实上，一旦能够解决这种让人进退维谷的矛盾状态，那些消极的人也能够开始主动地采取行动，而那些一直自暴自弃的人也能够开始积极地考虑与自己人生课题相关的问题了。只要明确了自己人生的前进方向，人们便能够开始采取实际的行动。

那么，又该如何去拯救那些已经陷入两价性泥潭之中的人呢？

从想要改变到做出改变

虽然知道自己应该更加努力，却没有干劲；虽然明白自己应该趁早戒掉那些上瘾的行为，却无法克制自己；虽然只是想要与异性及友人变得更加亲密，却最终变成了脚踏两条船的状态，等等。这些所谓的无法做出改变的状况，绝大部分是因为当事人陷入了一种“虽然想要……却无法做到”的矛盾境地。

也就是说，并非是因为对方没有想要做出改变的意愿。即便对方狡辩自己并没有做出改变的必要时，大多数情况下其内心深处依旧是存有想要做出改变的意愿的，只不过不愿意承认它的存在罢了。

可以认为这种不愿意做出改变的情况正是一种因想要做出改变的意愿与拒绝做出改变的意愿相互纠缠、相互矛盾而导致当事人无法采取实际行动的表现。一旦陷入这种无法做出改变的状态，那就是在浪费时间。甚至有的时候，一年的光景转瞬即逝。这样一来，人的能力和精力就无法得到有效的利用。此时，束缚其行为的正是这种情绪上的两价性矛盾。也就是说，在这种无法采取任一行为的状态下，人生就是在虚度光阴。

无法戒掉对酒精及药物依赖的人、想要进入社会却因害怕而无法采取实际行动的人、虽然有自己想做的事情却因为没有自信而无法继续前行的人、对任何事情都不积极无法认真地去努力的人、对于离婚或结婚无法做出决断的人、虽然知道自己的错误行为却无法制止自己的人……上述几类人几乎都是被这种情绪上的两价性所困扰，所以才无法拥有明确的目标果断地采取实际行动。

比如，无法戒掉嗜酒、嗜药、好赌及暴饮暴食等嗜好性行为的人，一方面会因为这些行为给他自身带来伤害而产生想要戒掉这些嗜好的意愿，另一方面又忍不住地想要去追求这些行为给他带来的快感和满足感。即使想要停止这些行为，其内心的某个地方还会隐藏着诸如“还想要去做”“也许还会这样做”以及“认为自己根本做不到”的种种念头在内。

为了能够继续前行，加强试图去克服这种情绪上两价性的意愿就变得很有必要了。当两价性矛盾得到了妥善解决，当当事人变得无论遇到什么情况都会想要去做一些事情的时候，他就能够果断地采取行动了。也就是说，掌握着人能否做出改变的钥匙，就在于他是否已经彻底解决了这种情绪上的两价性。一旦两价性的矛盾得到了解决，那个人自然而然地就能够朝着一个目标继续前行了。

然而问题就在于，这种两价性矛盾的表现与我们的日常认知是稍微有些不同的。对这一问题的认识不足的话，就会导致在试图支援对方的过程中，好不容易做出的努力变成了无用功，最后只会得到与自己期望相反的结果。

强制劝说反倒会弄巧成拙

在这种两价性的矛盾中，人们具有两种相反的情绪。这种状态就好像从两侧去拉弹簧，即使我们是在朝着自认为好的方向去拉弹簧，也只会造成另一方向的反弹。在应对这种两价性矛盾的时候，试图通过单方面地施加外力来促使对方采取某一行动，也只会起到反作用，容易造成相反的结果。这种会引起反常（paradoxical）反应的表现是两价性矛盾的一大特性。

对于那些想要停止某一行为却无法采取行动的人来说，如果强行劝说他们停止该行为，或者是强制性地使其停止该行为，对方反而会越发地热衷于这件事，甚至还会背着我们偷偷地继续这一行为；而对于那些没有干劲的人来说，越是鼓励他们要拿出干劲来继续努力，越是会让他们逐渐失去做事的积极性，对我们所说的话也会产生抵触情绪，并固执地不愿做出任何改变。

同样地，当对药物等具有依赖性的情况下，“认为绝对不可以这样做”的情绪与“认为反正怎样都好、想要继续去做”的情绪，这两者之间形成了两价性的矛盾。为了克服这种依赖性，虽然说让“不可以这样做”的情绪强于“想要继续去做”的情绪是理所应当的，但是，如果只是承认“不可以这样做”的情绪的话，即使其内心的另一种相反情绪已经十分强烈，仍然无法说出口，这样一来，对方最终会因自己无法隐藏这一相反情绪而导致再次利用这一情绪，即会导致他们继续依赖药物。因此，强迫对方只保有一方面的情绪，会引起反常的反应，并导致对方的行为越发朝着相反的方向发展。

这一原理同样适用于人生中遇到的其他迷茫及烦恼时期，是应该朝着某一方向继续前行呢还是应该就此停止呢？当我们如此迷茫时，如果强行采取行动，最终只会落得个半途而废的下场。

比如，对于那些虽然在考虑离婚却又因为对原来的婚姻生活还留有眷念而无法采取实际行动的人来说，如果要求他们快点离婚的话，只会让他们对结束原本生活的不安和眷念的感觉变得更加强烈，甚至会使他们做出一些抵触的行为。相反，如果建议他们要是对原本的生活还留有眷念的话可以回去试着重新开始，他们对这种回归原本生活的行为的厌恶情绪反而会变得更加强烈。

上述的建议方法大多失败的原因就在于他们没有清楚地认识到当事人之所以无法采取行动，是因为他们陷入了两价性的矛盾当中，并且，他们在没有理解这种两价性矛盾的情况下便试图去劝说对方做出改变。对于那些已经陷入两价性矛盾当中的人来说，即使给他们一些类似于“请做……”“请不要做……”的结论性建议，也不会起到太大的作用，甚至有时候出现与我们所建议的相反的结果也不算稀奇。

那么，该如何鼓励那些具有两价性矛盾的人去做出改变呢？

小心两价性矛盾的“雷区”

动机式访谈法可以解决两价性矛盾。此种方法的一个原理为，在陷入两价性矛盾的状态中，因为对当事人的某一方面进行鼓励势必会产生让当事人认为自己这一方面遭到了否定的反作用，因此在这一过程中绝对不允许有所偏颇。比如，可以试着在脑海中想象有这么一位学生，他由于对自身完全失去了信心便一直休学在家，假如此时劝说他“在学校学习是每一个学生的义务，所以你应该去学校上课”的话，会发生什么样的事情呢？恐怕这位学生自己也十分清楚作为学生应该去学校上课，但即便如此，他还是无法做到这一点。这是因为他陷入了一种两价性的矛盾中。当被别人劝说应该去学校上课的时候，这位学生会觉得我们是在责备他过于懒惰，从而会越发地消极，失去做出改变的意愿。于是像这样，对其某一方面的鼓励反而引起了对方的反常反应。

更加糟糕的做法是，明明对方已经说出了“不想去学校”之类的话来表达自己的抵触情绪，我们仍对他说：“你在说些什么啊？！学习不是一件理所应当的事情吗？”这样反而会越发地打击对方的积极性，只会让事态进一步恶化。

中立和同理心态度

应对这种两价性矛盾的首要原则就是要保持中立的态度，不可偏颇任意一方，而是要如实地接受并理解对方所具有的两价性矛盾。需要铭记在心的是，我们不可干预当事人的判断和决定，而应该由当事人自己做决定。

但是，也不可以因为这是当事人自身的问题就对其放任不管。在保持中立态度的同时还须表现出同理心，这在引导当事人做出改变的过程中是非常重要的。正如之前所介绍的那样，你对对方表现出了何种程度的同理心能够极大地左右对方做出何种程度的改变。但是，这种同理心必须是保持中立态度时的同理心。不可因过于在乎对方的事情，而认为我们的做法更好，以此来过度参与对其问题的解决。

在试图解决这种两价性矛盾的时候，一旦我们的立场有了偏颇，对方很有可能就会站到我们的对立面去。即使是那些会做出迎合姿态的人，即无论我们处于哪一个立场，他们都会同意我们的观点，但这也仅仅是表面上的认同，实则其内心当中相对立的情绪会变得更加强烈，甚至可能会在我们看不到的地方做出一些抵触的行为。这是因为对话所具有的“一旦出现了片面的主张就需要从另一面来重新审视问题”的这一基本功能发挥了作用。

为了避免出现这样的情况，我们需要保持中立的态度，不可以做出有失偏颇的选择或是妄下片面的结论。这样做的话，在防止对方做出反常反应的同时，还可贯彻实施让当事人自主地进行选择这一原则。为何如此？这是因为所谓的积极性只有在由当事人自身去进行自主性选择的时候，才能够成为一种强有力的内在动力。

比如，面对一个想要上大学却对学习没有什么自信、对于升学也感到迷茫、自身也不怎么热爱学习的年轻人，如果跟他说进入大学学习专业知识是非常重要的，又或者是鼓励他为了自己也要继续努力学习，这些都是基于对方要进入大学这一前提所说的话。这种偏颇于一个立场所进行的鼓励，是难以提高对方对学习的积极性的。当意识到对方的这一迷茫情绪时，不应基于对方会进入大学这一结论来进行鼓励，而是要首先弄明白当事人所怀有的是一种怎样的两价性矛盾。

常见的三种错误示例

做出有损中立态度的同理心回应不仅不能够帮助当事人解决他们的两价性矛盾，反过来还会加剧对方的抵触情绪，导致对方愿意做出改变的积极性更加降低。

在此过程中，有几种我们容易陷入的错误状况。

第一种，非常具有代表性的是责备对方、使用带有感情色彩的语句、否定对方的人格以及侮辱对方等。无论我们多么不考虑对方的情绪，也要绝对避免使用这样的说话方式。面对那些具有两价性矛盾的人，如果采用责备对方等错误做法容易引起他们的反抗，从而起到完全相反的作用。这对双方的关系而言也是一记重击。

第二种，试图用道理或权威或权力来进行说服，或者是把自身的想法及价值观强加到对方身上的做法。这些做法无论哪一种，所表现出的都是一种“我知道正确答案”的姿态，显得自以为是的同时还轻视了对方的自主性。一些专家就很容易陷入这样的弊端，哪怕是在做诊断这种类似于贴标签行为的时候，也会存在这样的危险做法。“因为你有某某障碍症，所以才……”，类似于这种形式的指导，很容易伤害对方，导致对方的自信和改变的欲望降低。

第三种，根据一些坏的信息对对方产生了偏见。比如在面试之前从其他职员或是家人那里听闻了关于该人近期的一些“恶行”或“恶评”，就会妨碍到我们能否依旧以一种单纯的心态去看待对方，这样就容易损害我们的中立态度以及同理心态度。在与那些只会指责他人或者有唆使倾向的人进行交往的时候要十分注意这一点。因为，我们一不小心就会受到他们的影响，变得容易责怪他人。这与皮格马利翁效应中所见的示例相反，如果在这种情况下表现出怀疑对方“恶行”的姿态，便会使得对方朝着坏的方向发展了。

以上几种状况无论哪一种都频繁地出现过，并且令人困扰的是，多数情况下是认为该做法好才去做的，但还是会经常出现与原设想完全相反的结果，这也是因为通常情况下我们几乎没有认识到这一问题。

慎用对峙的沟通手段

在进行心理咨询以及对话沟通的过程中，有一种对峙的沟通方法。这是一种从正面指出对方的不当之处，在对方接受这一指责并且做出改正之前，毫不退缩地与其进行对峙继续劝说对方的方法。当对方在行动上的问题尤为突出，完全跟着对方的思路走或是毫无底线地做出让步，以及一味地逃避问题而不认真解决的情况下，就需要采用对峙这一沟通方法了。

无论在体育界还是商界，又或者是在面对患有人格障碍的人还是有不良行为的少年时，在实际面对这些年轻且富有能量的人的场合下，因害怕对峙而导致沟通无法正式开始的情况在现实中也是经常遇到的。有时候也会存在即使对方已经哭了也不会因此而原谅对方，依旧会严厉地与其进行对峙的情况。此外，还会有故意去排挤对方、伤害对方的自尊心来诱使对方拿出真实态度的做法。

然而，为了有效地运用对峙这一沟通方法，就需要有对方无论如何都逃脱不了的羁绊和束缚。羁绊和束缚太弱的话，只会让双方的关系突然中断，或者是彻底变得过于感性而导致与期望完全相反的作用产生，这些都不是什么好的结果。有时还会让信赖关系出现裂缝，双方的关系变得不自然且再也无法回到从前。

在沟通过程中对峙的时候，构建好至少不会破坏双方关系的对话结构以及提前建立好信赖关系的做法是非常有必要的。在表现出同理心来吸引对方的同时，要事先与对方做好沟通，“可能会稍微不中听，但因为对你来说是比较重要的一点，所以能让我说一下吗？”这样的指出方式才是我们所希望的。进行对峙的过程中，如果出现沟通最终以对方崩溃、对我们怀恨在心或者干脆逃避而结束的情况，大多数是因为双方之间的信赖关系不稳固以及对对方的同理心关怀还有不足之处。

越是面对那些在两价性矛盾上问题严重的人，这种对峙的沟通方法就越是无法顺利地发挥作用。其原因在于该对峙的沟通方法，原本就无视了两价性这一原理。并且，对峙这一行为也常常是与表现出同理心这一原理背道而驰的。

明确两价性矛盾是改变的开始

那么，让我们按照实际的顺序来观察下两价性的矛盾吧。首先，要明确何为两价性的矛盾并要如实地接受它。

然而在最开始的阶段，大多数人都没有意识到自身所具有的两价性矛盾。想要做出改变的想法依旧很茫然，意愿还不够强烈的情况也是常有的。虽然无论如何都觉得很困难，却完全没有意识到它到底有多困难。自身还未到达意识到这一两价性矛盾的阶段，逃避解决问题，从而陷入了一种认为什么都无关紧要的放任自流的状态。

在这种情况下，首要的目标就是要通过明确的语句来表达出自己的两价性矛盾。只有明确地表达出“自己实际上是想要上大学的”想法以及“认为考上自己心仪的大学是无望的”想法之后才能够扭转局面。

而我们首先要做的就是倾听对方，并在保持中立态度的同时富有同理心地去理解当事人所说的话。此时，可以使用第一章介绍的反应式倾听方法来帮助我们整理对方的情绪。

伪装的矛盾因素和真正的矛盾因素

在沟通的过程中，我们需要逐渐明确两价性矛盾的真实内容。在这一阶段还须注意的一点是，乍一看，似乎是两价性矛盾的事物实际上并不是真正的两价性矛盾，这种情况也是很常见的。

比如，当孩子无法去学校上课的情况下，如果深究其想要去学校的心情与不愿意去学校的心情之间所产生的矛盾因素，就会发现实际上是因为他在上课时没能回答出老师的提问而遭到了同学们的嘲笑，并且这种不愿意再被他人嘲笑怕受到伤害的心情与想要重新找回之前的自信的心情之间产生了矛盾。此时真正的矛盾因素并非在于其是否想去学校上课，而是想要去学校上课又不想再受到伤害的这两种情绪之间产生了矛盾。如果针对他是否应该去学校上课这一点来鼓励他的话，无论如何努力都不会有效果的。针对其不愿再受到伤害的心情与想要再次尝试恢复自信这一心情之间的矛盾进行鼓励才会有胜算。

因此，时常注意去探索并判断真正的矛盾究竟在何处的做法是十分有必要的。说到该如何去判断真正的矛盾，主要是通过倾听与提问这两种方式进行的。稍微有一点儿比较在意的地方，就要通过“这是为什么呢”“这是怎么一回事呢”等问题来深究其背后的具体内容。但是，在这种场合下，进行提问的要点在于，需切记不可以用责备的口吻来质问对方，而是要继续保持中立且富有同理心的态度去进行询问。

有时候也会有无法立即明确其真正矛盾的情况存在。此时，不可过于心急，最好使用第一章中介绍过的方法，把时间主要花费在照顾对方的犹豫情绪上，在其他的事情上表现出与对方的共同兴趣的同时，加深与当事人的信赖关系。在谈及其他事物的过程中，如果使对方产生了安全感，多数情况下其自身就能够主动开口说出“实际上”是怎么一回事了。

人们不仅会想逃避面对自身的矛盾，还会不愿意让人知道自身的矛盾，并向他人隐瞒这一矛盾。然而，倘若不去面对这一矛盾就无法克服它。能否如实地说出自身的矛盾将会极大地影响是否能够克服这一矛盾。

处于青春期的孩子以及不善于进行自我剖析的人，对于表明自身矛盾这一事情的抵触情绪会很强烈。加之，一旦对方对周围的事物变得感性，谈话的氛围就会变得像是我们在责怪对方，这样就会导致对方对表明自己的真实想法更加抵触。

因此，坚持中立且富有同理心的态度，首先让对方能够如实地说出其内心的真实想法以及实际情况，并以此来逐渐弄清楚矛盾的实际内容是非常重要的。

先前介绍过的对学习变得不积极的学生，看似是其想要上大学的心情与因学习能力不足而认为自己无法上大学的心情之间存在着矛盾，但进一步深究其所说的内容会发现，其实是因为他不愿意加重父母的经济负担，即他对父母的体贴之情压制了自己很想上大学的愿望。这两种心情之间所产生的矛盾最终导致他认为自己无论如何努力学习都是白费工夫的。

遇到此类情况时，可以一边询问对方“你是同时有……的想法和……的想法吧？”一边试着再进一步询问“你还有其他的想法吗？”还可以把他们的这些想法大致分类，整理为想要改变现状继续前进的一类情绪以及想要做出反抗的一类情绪。此时重要的是，无论面对其中的哪一种情绪，都要表现出同理心去理解。在如此进行的过程中其核心的矛盾就能够被查明并逐渐变得明确起来了。

第一步要如此地询问对方，“你在……的情绪与……的情绪之间会感到痛苦吧？”以此来整理他们面对的两价性矛盾，并表现出同理心，去理解他们身上的这一矛盾。

一旦对方感受到自己被中立且富有同理心的氛围所关怀，他们便会感到安心，就能够向我们表明自身的烦恼及矛盾了。也许在刚开始的时候，对方说出的会是感叹、愤怒以及自暴自弃的话，但只要在倾听他们的同时重点地做出回应，就能够帮助我们去梳理对方的情绪以及实际的情况。让对方能够自由地说出其自身所具有的两种矛盾情绪，能够帮助我们做好克服它们的准备。

积极承认对方的纠结

克服两价性矛盾还有一个关键点，那就是进一步发展我们的中立态度，去积极承认并理解两价性矛盾所具有的两个方面。最糟糕的情况是，我们只承认自认为好的想法及情绪，对于并不看好的想法及情绪持否定的态度。

首先要把这两价性矛盾的存在看作一件理所当然的事情并能够接受它，这是非常重要的。

即使是一直宅在家中的人，也会理所当然地同时有想要进入社会以及害怕进入社会的两种想法。此时，重要的是能够理解他们这种越是想要进入社会，其内心的恐惧就越强烈的矛盾状态以及他们在这两种想法之间摇摆不定的事实，并且让对方能够充分地表达出自身所处的这一矛盾状态。

反之，如果一味地支持对方想要进入社会的想法，而对其所说的因害怕进入社会而无法采取实际行动的想法报以责备的态度，表现出对对方的失望的话，就会让对方难以继续说出自己这种所谓的“不好”的想法。他认为明明应该进入社会却又无法做到的、自己是无用的这一自责想法也会变得更加强烈，甚至还会使对方因找不到发泄对象而迁怒于那些要求自己去做自己做不到的事情的人。

不可认为这种两价性矛盾的存在说明了当事人的软弱无能，存有两价性矛盾的情况是很正常的，此时倒不如让对方如实地坦承它们的存在，并将其表达出来，反倒能够有助于我们去克服这一矛盾。

这种情况同样也存在于无法停止药物滥用等嗜好性行为的场合。哪怕对方有想要停止滥用药物的想法，但也要承认他们实则在想要停止与想要继续这两种矛盾想法之间摇摆不定的事实，并且要在此基础上让对方说出自己的痛苦，这才是更为重要的。如果让对方认为，一旦自己表达出还想继续滥用药物的想法之后，可能会被责怪，并因担心会被我们所抛弃而感到不安的话，就无法让对方说出自己的真实想法，他们就只会选择逃避解决药物依赖的问题了。

这种在明确了真实矛盾的同时，让对方主动说出这一矛盾的做法是最初阶段的目标。并且，也时常能够遇到只通过这些工作便让对方发生了变化的情况。

改变型对话

当明确了两价性矛盾之后，就要进一步去整理和深化这一矛盾，让它朝着变化这一步骤发展。

那么，如何才能够引起变化呢？让变化成为可能的原理之一就是，只有让对方意识到矛盾的存在，才能够促使其做出改变。因此，为了让对方意识到矛盾的存在，无论何时都能够弄清并进一步凸显这一矛盾是非常重要的。

引导对方做出改变的又一原理为，人们在开始做出改变的时候，首先发生变化的是他的语言。也就是说，为了能够让某个人的行为发生变化，需要先改变他的语言。这也是衡量对方是否有了进步的标准。

这种表明想要做出改变的行为，在动机式访谈法中被称为“改变型对话”（Change Talk）。焦点解决短期疗法中的解决型对话是以寻求问题解决为目标所进行的对话，而改变型对话则主要是让对方表明其想要改变现状的想法。在动机式访谈法中明确规定，进行面谈的主要目的就是增加改变型对话，以此来促使对方做出想要改变的决定。这是因为，改变型对话增加，对方想要做出改变的这一意愿变得更加明确且强有力，可以促使对方在实际行动上发生变化。

实际上，在将来会有所变化的人，他们的改变型对话会有所增加，意愿也会变得更加坚定。反言之，几乎看不到其产生改变型对话，犹豫不定，甚至对改变这一行为产生抵触情绪且处于强烈不安状态下的人，即使在将来也几乎无法期待其有所变化。

当然，也会存在看到对方增加了改变型对话，但对话的内容并非发自肺腑，仅仅是在口头上迎合他人想法的情况。倘若如此，只会让两价性的矛盾变得更为强烈，这也会成为语言与行动相背离的一大原因。为了防止此种情况的发生，尊重当事人的自主性，并保持中立且富有同理心的态度是非常重要的。强制性地增加改变型对话，不仅会让沟通变得无意义，也会起到相反的作用。

如果让对方表明自己想要做出改变的决心，对方只是在口头上进行附和，便能够立刻明白其所说的并不是什么实质性的内容，并且在不久之后，对方就会因产生两价性的矛盾而在思想上有所动摇。

想要统一说明改变型对话的特点并非易事，因它也存在着不同的阶段。其中最开始的阶段为第一阶段：在语言上承认保持现状不做出改变而带来的影响。比如，“我知道再这样下去是不好的”“我知道即使为了家人无论如何也需要做出改变的”“我时常担心再这样下去会变得更加糟糕”，等等。在此基础上进一步发展，就是第二阶段在语言上承认只有改变才会带来好处。比如，“真若如此的话，那会比现在轻松得多吧”“我还是知道那样做会比较好的”“要是能够彻底解决问题，那该多好啊”，等等。再进一步强化这些想法，此类想要做出改变的想法就会转变成也许自己能够做出改变的想法，在语言上也会变得更加积极向上了。也就是说，进入了第三阶段在语言上能够说出对于改变现状的预期及自信。比如，“这个也许我也能够做到吧”“反正先挑战一下吧”“至少可以试着做一些自己力所能及的事情吧”，等等。此后进一步发展的话，就是第四阶段在语言上表现出对于做出改变的明确决心。比如，“无论遇到什么困难都必须要做出改变”“再也不想继续重复相同的事情了”“再也不想让家人为我担心，给他们添麻烦了”，等等。但是，这一阶段仍不是改变型对话的真正目的。更加强有力的改变型对话是第五阶段通过对话想方设法地引导出能够改变现状的具体方法。比如，“想要试着这么做啊，您觉得如何呢”“如果该方法不奏效的话，该如何做才好呢”“当时的情况下看着就会失败，所以才想着这样做的话会如何”，等等。这样一来，就能够让对方主动去思考方法、向我们寻求帮助，并积极地与我们商量自己的不安情绪了。

能够真正地做出改变的人最终会到达第五阶段，然而，无论谁都无法一下子就到达第五阶段，这是需要循序渐进的。为了能够帮助他们这样一步一步地前进，最重要的就是要保持尊重对方自主性的态度，并且要富有同理心地去保护他们的感受。

产生变化的基本技巧

接下来让我们一起了解能够帮助整理两价性矛盾、引出改变型对话、引起综合变化的有效沟通技巧吧。

1. 等级划分提问法

其中的一项沟通技巧为等级划分提问法。在前一章节已经介绍过该等级划分提问法，即让对方通过数值化的方式来回答自己内心的状态。比如询问对方，“如果用 0 ～ 10 的数字来表示想要退学的心情，会是怎样的一个程度呢？”又或者可以反过来询问对方，“想要继续上学的心情，是 0 ～ 10 的哪个程度呢？”该沟通技巧虽然最开始是运用在焦点解决短期疗法，但在动机式访谈法中也成了一项相当重要的沟通技巧。

等级划分提问法的优点在于，通过将肉眼无法观察到的内心状态数值化及视觉化，便于提问的人，同时也便于当事人去客观地把握自己的内心状态。并且，可时常帮助强化对方想要做出改变的这一想法。此时的要点依旧在于要肯定地接受当事人自己做出的评价。

对于这样的提问，大多数人会回答自己想要做出改变的程度为 2 或 3 吧。此时，更好的做法是不去否定地看待其程度还不到 5，而是要着眼于其程度并不为 0 的事实，并让对方就自己所给的这一程度进行进一步的说明。"想要做出改变的心情不是 0 而是 3，这是为什么呢？"提出这样的疑问可以帮助对方去确认并进一步强化自己内心想要做出改变的想法。

回答的数字如果超过 5 的话，则表明这个人想要做出改变的心情已经是非常坚定了。此时，可以对其程度之高给予肯定评价，并通过向对方提问，"想要做出改变的心情程度是如此之高啊，为什么会这么想呢？"来进行更加深刻的沟通，则可以进一步加强对方想要做出改变的想法。

反之，也可能会有回答 0 的人，这些人会故意做出"坏"的样子来坚持自己的主张。当然，这并非是其真实想法，如果此时否定对方的话，只会造成对方越发地固执己见。倒不如乐观地认为即使对方回答的是 0，这也是其努力过后的结果，并通过"为何会如此不愿意做出改变呢？"这样的提问来让对方说出自己的真实想法。其中应该会包含当事人消极的经历以及愤怒的情感等。可以说，倾听对方不愿意做出改变的想法并对此表现出同理心的做法是非常重要的。并且，在一个月到两个月的沟通过程中，想要做出改变的程度应该也不再会是 0，而是会逐渐增加的。

2. 增加开放式提问

在整理问题、提高对方的自主性并促使其发生积极性变化等方面有一项重要的沟通技巧，那就是此前介绍过的增加开放性提问的这一做法。该技巧虽看似十分简单，却能够发挥巨大的作用。

由于开放性提问能够让对方畅所欲言，因此该方法也不会因刺激到对方的两价性矛盾而导致其相反的情绪越发强烈的结果。在自由度更高的开放性提问当中更容易进行改变型对话，如果不是通过开放性提问所做出的回答，也不会是对方内心的真实想法。

增加开放性提问的比例，营造出畅所欲言的氛围并将对话的主导权交给对方的做法，能够帮助强化对方的自主性并引出改变型对话。

3. 是“不想”还是“不能”

当被想要改变却无法改变的这一两价性矛盾所困扰的时候，实则关系到两种矛盾的因素。为了能够引起变化就需要把目光投注到这两方面的矛盾因素中，并以此来帮助对方解决问题。

其中之一就是改变这一行为的必要性及重要性。也就是，对于其自身的人生及价值观来说，改变是否是必要的以及改变到底有多么重要的意义这一问题上对方所抱有的矛盾心情。

比如，出于和家人的关系以及经济状况的考虑想要停止玩赌博机，但是停止玩赌博机就意味着再也无法体会到中大奖时的那种整个人都为之振奋的快感了。对于对方来说，哪一个都是令人十分不舍的，对方不愿意放弃任何一方。又或者是，虽然想要与自己的初恋情人重新开始，却又不愿意放弃目前与自己的妻儿共同生活的人生。在这样的案例中，无论是哪一方的选择都对他的人生具有重要的意义，因此便陷入了两方都不愿意放弃的矛盾境地。

当一位学生一方面因对历史感兴趣而产生想要读历史专业的想法，另一方面为了能够更好地找工作又觉得按照父母所说的去念经济专业比较好，却对经济专业一点儿都提不起兴趣的情况下，选择历史专业还是经济专业的这一问题使该学生在对其人生所具有的意义及重要性的认识中陷入了矛盾境地。

此外，还存在另一种矛盾。那就是在现实情况中即将引起变化的时候，围绕着能否采取实际行动这一问题而产生的矛盾。虽然尝试着停止玩赌博机，但最终不也是失败了吗？虽然内心有想要停止玩的想法，但又认为自己想要停止的意志并不强烈的人，就会认为自己实际上是无法做到的，最终导致他放弃了停止这一行为。那个学生虽然会因违心地选择了并非本意的经济专业而感到后悔，但又会觉得事到如今想要改变也是非常困难的，因此便会陷入虽想改变但现实又十分困难的矛盾境地中，从而变得无法采取实际行动。

这种矛盾状态是围绕着在现实中能否采取实际行动以及其自身是否有做出改变的能力、勇气及自信这一问题而产生的矛盾。这既是可行性方面的矛盾，也是其自身能力及自信方面的矛盾。不管这样做对他的人生具有多么重要的意义，如果认为自己没有实现它的能力及自信的话，就会让对方认为反正都是不可行的，于是在行动上便不会有所改变，一旦在思想上认为只能维持现状，在现实生活中就会变得真的如此。在认为反正无论如何都做不到的情况下，大多数人会逃避思考做出改变的重要性。

要想解决这一两价性的矛盾，就需要克服这两种矛盾，即克服重要性方面的矛盾以及可行性方面的矛盾。

让对方意识到这两种矛盾之间的不同，也能够促使其做出改变。不仅要询问对方，“你想要做出改变的心情程度是多少？”也有必要再问一下，“你对于自己能够做出改变的自信有多大？”并且作为更加有效的提问方式，可以试着询问下对方，“如果有改变的方法（如果最后成功地做出了改变），你想要做出改变的心情程度又是多少呢？”

因没有做出改变的能力和方法而不得不放弃的人，多数情况下面对这种提问，就会重新意识到事实上自己还是有想要做出改变的意愿的。只要对方说出“如果可以的话，我还是想要做出改变的”，这便是一个非常有希望的征兆。

此外，这两种矛盾“浑然一体”的情况也很多，有时候优先解决了可行性方面的矛盾之后，重要性方面的矛盾也会得以解决。在实际的沟通过程中，这两种矛盾又是相辅相成的，此时便需要同时去应对它们。

4. 假设已经发生变化后再提问

上一节中稍微提到了，对于解决可行性方面的矛盾有一个非常有效的沟通技巧，就是假设变化已经发生，继而进行提问的方法。该方法在上一章的焦点解决短期疗法中经常会被使用，在动机式访谈法中也被采用了。

该方法能够打破对方认为自己做不到的心理障碍，引导对方说出自己的真实想法并让对方自由地进行发散性思维。

“假设真若如此的话，你认为自己与之前相比有哪些不同之处呢？”

“假设真若如此的话，接下来你想要做什么呢？”

“假设真若如此的话，你与周围人的关系会发生什么样的变化呢？”

以某位患有酒精依赖症而使自己的家庭备受困扰的男性为例。该男性一直酗酒，却没有戒酒的决心。此时，可以询问他，“假设你不再喝酒的话，你认为自己与妻子的关系会发生什么样的变化呢？”或者是“假设你不再喝酒的话，你认为自己的孩子会如何看待你呢？”

只需通过这样的提问，就可以让当事人领悟自己的酗酒行为到底给自己的妻子和孩子带来了多少痛苦和寂寞。

此外，通过询问当事人，“请思考下自己完全戒酒之后的情况。你周围的人看到你这样做之后，会认为你与之前（酗酒之外的方面）有哪些不同了呢？”则能够让对方思考为了做出改变，自己需要具备哪些条件，并以此产生对变化的新认识。

再以虽然想要工作却一直不去找工作的青年为例。当问及其不去找工作的理由时，对方的回答是在找到自己真正想做的工作之前不愿妥协地开始工作。此时，可以试着这样来询问他，“假设你找到了自己真正想要做的工作，你会怎么办呢？”或者是“在什么情况下，你才会知道那是你自己真正想要做的工作呢？”以此可进一步深究并明确，不去试着做一下的话是无法判断它是否是自己想要从事的工作的这一事实，以及其自身所追求的到底是怎样的工作，其所感到犹豫的又是什么样的这一类问题。

扩大矛盾的五个技巧

在有关重要性方面的矛盾，即在自己人生当中，改变与不改变这两件事情分别所具有的重要性之间，该如何去解决自己因此被搞得精神分裂的状况？

该矛盾最终涉及了在我们各自的人生中何为最重要的这一价值观问题。我们真正希望的是什么？我们的人生中最重要的是什么？在我们纷繁的人生经历以及对周围事物的牵挂和固有认知当中，这些问题的答案变得十分模糊，成了一种被乌云所遮盖的状态。因这些原因而导致不了解甚至不清楚自己最重视的是什么以及自己的价值观在何处的人有很多。因无法确定什么才是最优先的，导致自己的人生进入了进退两难的矛盾境地。

也就是说，为了解决这一重要性方面的矛盾就需要去明确对于其自身来说什么才是最优先以及最重要的。只有明确了该问题，当事人才能够意识到存在于现实选择与所追求事物之间的矛盾，才能够进一步产生想要去消除这一矛盾的动力。这样做的原因在于人的内心具有一旦意识到了存在于自己追求的事物与现实前进方向之间的矛盾，便会尝试着去纠正这一矛盾的特性。有的人会在短时间内急切地去纠正这一矛盾，而有的人的变化却是极其缓慢的。人们的行为是在清楚地认识到自身的矛盾之后，意识到自己再也不能同之前一样，此时开始做出改变的。

虽然说为了清楚地认识到自身的矛盾就必须去发现它，然而已经习惯了现状的人却很难去发现其自身的矛盾。所以，使当事人能够更容易去发现这种矛盾所使用的方法就是“扩大矛盾的技巧”。该技巧主要是向当事人展示如果继续他的选择时，事情将会变得如何，同时询问对方“这是你所追求的吧？”这样做能够直接将越发不明确的现实状况与其真正追求的事物之间的分歧呈现在当事人面前，以此来让对方意识到该矛盾的存在。

接下来将介绍几种在扩大矛盾时会使用到的具体方法。

（1）询问利弊点

困于两价性矛盾而无法采取行动的人多数情况下一方面会对现状的坏处视而不见，一味地称赞它的好处，另一方面对于改变现状之后的情况，又只会过度评价它的坏处而无视它带来的好处。这种对回报的预测是完全错误的。这样胡乱的预测之所以能够被他接受的原因在于其不愿面对现实、想要逃避问题，想要以此来欺骗自己罢了。当事人因高估了自己害怕失去眼前快乐的恐惧感以及担心失去依靠的不安感，于是便无视了应该对现状做出冷静客观的评价。

摆脱这种状况的有效方法就是，讨论继续维持现状会带来怎样的利弊以及改变会带来怎样的利弊。

首先从维持现状带来的好处来进行提问，之后，再询问对方如果维持现状将会失去的东西以及导致的损失等，还要询问对方关于改变会产生的利弊。此时，可以制作一张损益对照表。如果陷入了两个选择之间的矛盾境地，尽量具体地去思考一下，如果执行了其中某一项选择或是另一项选择之后，从现在开始一直到十年甚至是二十年之后，我们将会得到的东西以及失去的东西。

通过这样的对比也许就能够发现，维持现状所获得的好处以及改变现状所遭受的损失并没有那么严重，而与之相比，维持现状所带来的坏处以及改变现状所获得的好处却远比自己想象中的多。至此，我们便能够领悟到，一直以来自己所深信不疑的观点实际上只是一种欺骗，这样一来对其中某一方面的眷顾之情便会减弱，从而就能够从两价性的矛盾中挣脱出来了。

这一做法类似于几何证明问题中的辅助线。通过画辅助线的方式，使得我们能够清楚地意识到此前一直未注意的事情。

（2）就最坏的事态进行谈论

作为能够让对方更加切实地感受到维持现状所带来的弊端的沟通技巧，就是对能够预想到的最坏事态进行谈论。该方法在实际生活中也经常被使用。

相对于由我们来谈论继续维持现状将会造成的最坏事态，最好的方法是由当事人自身去推测并开始就其进行谈论。

并且要让当事人尽可能具体地就以下情况进行推测和谈论，即家庭以及家人关系中会发生的事情、家庭会发生的事情、经济上的损失、工作上的困难、健康方面的问题以及对寿命的影响、老年后的生活、会选择怎样的死亡方式、在弥留之际是否接受自己这样的一生等。

当对方无论如何都难以对以上情况进行想象的时候，还有一种方法，就是与他们谈论那些已经成为最坏事态的案例。“这只是很正常的讨论，虽然不知道您会不会遇到这样的情况，但是在有些案例中却出现了这样的……事态”，以此来告诉他们在那些案例中当事人的悲惨经历。

在想要做出改变的意愿只是相对性地变强烈之时使用该方法，有时就能够让这种意愿变得更加强烈，强烈到想要一下子去改变现状的程度。

然而，对于那些处于抑郁状态以及有自杀倾向的人最好不要使用该方法。因为该方法会让他们的心情变得更加阴郁，甚至会有诱使他们产生干脆在事态变得更加严重之前死掉为好的念头，并冲动地做出逃避行为的危险。

（3）询问对方在生活顺利时的情况

还有一种从另一个角度出发的沟通方法，那就是让对方述说关于他们人生中最美好的一段时光的事情。在让对方说出愉快的回忆时，还可以让他们解释一下为什么会觉得那些回忆很美好以及为何与现在有所不同。由此不仅可以让对方重新面对自己失去的事物以及为何会失去这些事物的这一问题，还能够让对方迸发出想要重新找回美好人生的想法。

但是，对话展开的方式一旦有误，就有可能让对方觉得是因为自己的无能才失去一切的，并且认为自己再也无法回到过去的绝望感也会更加强烈，因此要十分注意这一点。

此时不应该朝着已经失去了便再也无法回到过去的方向来引导对方，而是要向其传达这样一个信息：通过使用不同的方式，人生是可以逐渐变得美好的，我们是可以重新过上幸福生活的。

"你原本就具备了这种能够出色完成任务的能力呢！"

"只要你也有去做的决心（具备了一定的条件），你也可以发挥自己的能力的（你也可以过上舒心的日子）。"

"那时的你与现在的你有哪些不同呢？"

"想要找回曾经的自己，该如何做才好呢？"

可以让对方就以上几个问题做出回答，以此来引出改变型对话。

（4）询问对方想要成为什么样的人

正如之前所叙述的那样，帮助他人做出改变的最有效方法是，通过使对方意识到现实与其自我价值观的不同，促使他们去发现自我矛盾的存在。这种自我矛盾有时也被称为认知不协调，当人们对这种认知上的不协调性感到心情不畅时，最终会促使他们采取行动得以消除。因此，就需要明确其自身所追求的究竟为何物。

可以说，归根结底，这是因为两价性矛盾使其忽视了自己的真实想法而导致的。由于对在自己的一生中什么才是最重要的这一问题认识不清，所以才迷失了前进的方向。只要明确了自己想要成为一个什么样的人这一问题，就能够自然而然地做出自己该做的选择了。

因此反复地询问对方，他自身想要成为什么样的人以及想要做哪些事情，能够起到巨大的帮助。

询问对方的时期不同，对方对该问题的回答也会有所不同。一开始进入这一迷宫的时候，他们的回答会是“不知道”“怎么着都行”，又或者会是“想要去死”等。此时可以开导他们不用过于拘泥于现实情况，可以试着以更加轻松的心情去思考这些问题。即便他们依然回答“没有想要成为的样子”，但也可能会让他们重新找回远离现实的梦，并能够让他们认真地说出自己的真实愿望。这些都是非常珍贵的话，因此要认真地对待它们。并且在此基础上可以进一步去深入探讨这些话题。

随着对方精力和意志的恢复，他们对这些问题的回答也会变得更加积极且具有建设性。此时，如果进一步要求他们做出回应，这些想法就能够变得更加具体，并成为一种依据现实的可行性想法。这样做能够在让对方说出自己想要成为什么样的人与清楚意识到自己因陷入矛盾境地而无法继续前行的事实之间起到相互作用，从而促使存在于这两者之间的差异逐渐缩小。也许有一天还能够从那个人口中听到他自己的决心和计划，又或者是突然听到他来向我们报告自己做出了一些之前从未敢想象过的行动。

（5）询问对方最珍惜以及最讨厌的事物

促使对方意识到自我矛盾的另一个方法就是，弄清楚对方最珍惜的是什么以及对方认为最能代表他的价值观的事物是什么。通常情况下，只要明确了这一问题，就能够让对方强烈地意识到自己与现实之间的差距。

虽然有时候对方会故意说一些逃避现实的话，但也需要好好地去“接受”他们所说的这些话。经常会遇到的情况是，对方在持续说着自己的坏话的过程中，就会不自觉地意识到这并不是真正的自己，只是在勉强自己朝着坏的方向发展罢了。为了能够让对方自主地意识到这一点，让对方去说自己的坏话并接受他们所说的话的方式也是非常有用的。反之询问对方最讨厌的事物是什么的方法通常也会起到作用。

具体来说，可以试着询问对方：“你在自己的人生中最珍惜的是什么东西？”又或者还可以反过来询问他们，“在自己的人生当中，你最不愿意去做的事情是什么？”

在处理患有药物依赖症的案例时也可以使用该方法。当问及对方：“对于你来说，最珍贵的是什么？”他们会回答：“家人。”在做出这样回答的一瞬间，他们便能够体会到自己的回答与现实中自己给家人所带来的痛苦之间的差异。由此，可继续深化他们的这一想法并使对话朝着改变型对话的方向发展，从而促使他们用实际行动去珍惜自己的家人。

也有人会回答“金钱”或“工作”。此时，可以进一步深究他们为什么会认为这些是最珍贵的以及他们内在的价值观，这样一来，促使其形成这种价值观的原因及生活经历等问题就会浮现出来，从而就能够探知他们更为根本的真正价值观了。一旦深究到如此程度，对方就能够清楚地意识到自己与自己所追求的事物具有不协调性这一事实了。

反过来，如果询问对方“你最讨厌以及最无法原谅的事情是什么”，大多数人会做出“欺负弱小者”或者“麻烦别人”等的回答。然而令人意想不到的是，基本上做出如此回答的人大多数都是做出这些行为的人。有的人在努力地做出回答之后会感到惊讶不已，因此他们突然意识到自己正在做的正是自己最讨厌的行为。

当对方能够直率地说出自己最珍惜以及认为最重要的事物时，表明他已经开始做出改变了，这是非常好的征兆。此时，可以如实地向其反映存在于他所珍惜的事物与现实状况之间的差异。

“现实状况可能会是……样的啊，你认为最珍贵的却是……呢。”

此时不可使用责难的口吻，而是要富有同理心地去接受他们的这些想法。

此外，更进一步地可以这样来询问对方：“你认为……是最珍贵的，但现实中却又是……的，这是为什么呢？”通过这样的询问可以让对方面对自己继而做出回答。多数情况下还可以自然而然地引导出改变型对话，甚至有时候能够让对方产生责怪自己以及对周围人感到抱歉的愧疚之情。此时，可接受对方的这种想法，并根据场合的不同来相应地进行能够引导出改变型对话的提问。

“你现在能够做的事情是什么？”

“你接下来想要做什么？”

只要接受了对方对这些问题所做出的回答和想法，就能够自然而然地引出强有力的改变型对话。

危机感的价值

当人真心实意地想要做出改变并且也真正地发生了变化的时候，多数情况下是因为强烈的危机感发挥了作用。

我曾遇到过一位不顾家人感受一直沉溺于寻欢作乐的患者，因在一次交通事故中经历了濒死的状态，他便以此为契机重新审视了自己的人生，改变了自己的生活方式，现在过着奔走于帮助他人的生活。

患有药物及酒精依赖症的人在彻底戒掉了这些依赖的时候，大多数也是以某种强烈的危机感体验为契机的。这种体验被称为谷底体验。

因突发心肌梗死而一下子戒掉了一直以来都无法戒掉的烟瘾，这种案例也很多。“再这样下去的话就会死掉或者灭亡”这样的强烈危机感具有在短时间内完全改变一个人的行为的作用。借用之前所说的话便是，当陷入不知该选择抽烟还是健康的重要性方面的矛盾境地时，若不戒烟就会导致死亡所带来的危机感，最终成功促使当事人下定决心去改变现状。

也就是说，当陷于重要性方面的矛盾境地时，对方对必须做出改变的认知还很浅薄。如果让其强制性地体会到了矛盾的危机感，这种矛盾就会消失，在想法上就会逐渐变成无论遇到什么情况都只能去做出改变。真若如此，他的行动自然而然地也会随之发生改变。此时，不知自己是否能成功做到的不安感也会烟消云散，因为此时你只能这么做。

然而，诸多的案例中并不会经常出现危机感如此强烈的时刻。这并非意味着事情并没有那么糟糕。有时候真实的情况是，即使当事人是处于一种再这样下去就会导致灭亡的境地，但他仍然对这样的情况视而不见，因此就无法产生危机感了。也就是说，如果想要成功解决重要性方面的矛盾，其实就是要提高对方对重要性的认识并以此使其产生危机感。

出色应对抵触情绪

遇到的烦恼和迷茫越深，就越不容易成功地解决它们。时而积极向上，时而畏缩后退，这都是正常情况。此时就要紧紧地跟随它们，耐心地引导出当事人想要做出改变的意愿，并加强他们的这一意愿。此外，还需要以应对这一抵触情绪的心态，去逐渐除去他们内心的不安、眷恋以及怯懦等。接下来将介绍几种能够出色应对抵触情绪的重要沟通技巧。

1. 莫要抵触对方的抵触情绪

处于两价性矛盾状态中的人自然会对“改变”这件事情表现出各种各样的抵触情绪。此时的一大原则是“莫要抵触对方的抵触情绪”。如果我们与其发生正面冲突，强制性地要求对方，根据两价性的原理只会导致他们表现出更加强烈的抵触情绪，并朝着相反的方向发展。那么，此时该如何做才好呢？

2. 回应抵触情绪

首先要如实地接受对方的各种情绪，并且，对对方的抵触情绪做出回应是最基本的要求，有时候还可以稍微极端地回应他们的这一情绪。

“想法还没有那么确定，觉得即使做了也是没有用的”，对于如此迷茫的年轻人可以将他们这种含混不清的表达转换成更加明确的意思，即“既没有决心也没有信心，你是打算放弃了，是吧？”

对于我们所提出的这种疑问，如果对方做出如下回应：“不是，并不是说要放弃了……”则可以进一步追问他：“并不是说要放弃？那么这是怎样的一种情绪呢？”以此来引出对方的真心话。这是因为这样做能够促使对话朝着改变型对话的方向发展。

当对方表现出两种情绪的时候，则需要对他的这两种情绪都做出回应，这是非常重要的一点。在两价性矛盾比较严重的案例中，一旦只回应我们所期待的某一方面情绪，就会让对方产生自己在被我们诱导的想法，这样的话，即使当时他被迫迎合了我们的节奏，但过了一段时间之后，他们内心中相反的情绪就会变得更加强烈。因此，只有对对方感到迷茫的两种情绪都做出回应，才能够让对方产生并没有被我们强求的安心感，同时去正面面对其自身的这种自相矛盾的情绪。这将会成为促使变化产生的原动力。如实地接受他们的抵触情绪反而能够让他们产生试图做出改变的动力。

3. 进行认知重建

另外一种经常被我们使用的沟通技巧，就是通过不同的视角来重新看待当时的状况，以此使对方重新认识那些自己深信不疑的事物。因为该方法意味着要重新构建我们意识中的框架（frame），所以也被称为“认知重建”（reframing）。通过认知重建能够让对方意识到自己一直以来认为的好的事物实则是坏的，又或者是让其意识到自己一直以来认为坏的事物实则是好的。该方法主要用于打破对方的固有思想，并使之在认知上发生彻底的转变。

比如，有个人每天都会喝一口被誉为名水的井水，然而，不知道是谁跟他说了那口井里有幽门螺旋杆菌，喝井水的话会增加患胃癌的风险。这个人也许会继续喝井里的水，也许会停止这个习惯。为何如此？这是因为那个人明白了原来自己一直以来认为是好的事物其实是坏的这一事实，这便是认知重建。可以说这是一种彻底颠覆他人判断标准以及看待事物方式的操作方法。

不愿做出改变的想法背后时常是因为当事人对于某些事情有了自己的固有认知。对于他们的这种固有认知就需要告知他们是毫无道理的，要让他们意识到事实是完全相反的。

再稍微复杂一些的进行认知重建的操作就是，突出事物的其他方面，让对方意识到事物其实还具有其他完全相反的意义在内。在具有两价性矛盾的场合下，有时就需要把焦点集中到相反的情绪上。

比如，以具有施虐行为的母亲的案例来进行思考，其中一个观点的视角是，虐待行为是一种会对孩子造成伤害的不良行为，大多数人也都会从这个视角出发去看待这一行为。其结果造成无论是周围的人还是孩子母亲自身，都会十分责怪自己。然而，只是这样做的话，只会越发地将这位母亲逼入绝境，对于问题的解决却没有太大帮助。此时，倒不如转换下视角，突出这位母亲好的地方，正是因为这位母亲一心只想着自己的孩子，爱之深责之切，所以才会导致她做出虐待行为。通过这样做，可以让这位母亲感到自己的心情被我们理解，于是就能够如实地向我们吐露她的心声了。

“母亲为了能够好好地培养自己的孩子是非常努力的。太过认真且不愿放弃的母亲在不经意间就会对自己的孩子过于严厉，这种情况也是经常会有的。”

此时，要使用不同的视角，并且要让其相信这并不是特例，而是谁都可能会遇到的，这样的说话方式能够更加容易地进行认知重建。

如果从正面去否定对方的固有认知，反而会引起他们的抵触情绪。所以就需要采用在照顾对方情绪上的两价性矛盾的同时，让对方意识到自己在思想上存在偏差这一应对方法。

“难不成你认为是……样的吗？啊啊，果然如此。对待事情十分认真的人都会这么认为的。”诸如此类的说法是非常有效的。

“不知您是否知道，事实上是……样的。大家也经常会失败呢。”

“你是……认为的吧？但是，这里却是有个陷阱的，实际上是……样的呢。”

4. 强调自身的自主性和责任感

陷于两价性矛盾中的人会容易对现状立即做出悲观的结论，经常会说类似于“什么都改变不了”又或者是“反正都做不到”这样的话。这些话其实是，他们把对自己无法做出改变的焦躁当作对无法帮助自己顺利做出改变的周围人的不满，这是在推卸自己的责任。

这种情况下，一旦认同了他们认为自己无法做出改变的原因是旁人支持方式不当的观点，支持变化发生的构造自身就会变得无法继续进展下去。

看到对方做出如此回应的时候，就要控制他们的这种想法，“能够做出改变的是你自身哦。谁都无法帮助你去改变的”，并在此基础上继续询问对方：“你是想要做出改变的吧？”以此来让对方意识到只有通过自身的自主性和责任感才能够促使变化的产生。

5. 指出对方的急于求成

在相同状况下，虽然对方没有忘记自己的责任，但他们却因过于期待立马得到某一结果，而过早地下结论，认为“现在什么变化都没有发生”“貌似之后也不会再有所变化了”，等等。在这种情况下就需要指出他们的急躁和疲倦，并且要告知他们事物在成功之前是需要积累许多小步骤的。

“你稍微有些急于求成了，这并不是现在应该谈论的话题。在达成巨大目标之前是需要逐一推进一些小的步骤的，有时候适当的休息也是非常重要的。想要一下子就实现最终目标，任谁都是不可能做到的。”

“你是急于马上实现自己的目标吧？要想成功发生巨大变化的话，细微的变化也是非常重要的。如果没有注意到细微变化的发生，就会认为并没有发生任何变化。但是，一旦意识到了这些细微的变化，就能够引起更加巨大的变化了，所以，要十分注意这些细微的变化。”

此外，还可以询问对方，哪怕是细微的变化也好，是否有什么自己注意到的事情。如果对方依旧回答什么都没有的话，则可以由我们来向对方指出他们身上发生的细微变化了。

用肯定性的评价强化思想

上述的几种方法全都是能够引导对方主动地进行改变型对话所采取的方法，并且，一旦看到对方积极向上地表现出想要进行改变型对话，便要不失时机地去接受、回应并进一步加深对话。

此外，做出肯定性的评价也是非常重要的，但是不可以仅仅满足于此，而是要进一步地去强化他们的这一思想。

此种情况下，以下几种询问方式是很有用的。

“为什么会这么想呢？”

“能够做出如此改变的原因是什么呢？”

此外，围绕着对方的人生价值观来进行沟通也能够强化他们的这一思想。

“这似乎与你所看重的事物有关系啊，这是怎么一回事呢？”

围绕着与对方相关的人际关系进行沟通也能够更容易地强化这一

思想。

“你会变得这样想，是否与你的家人（父母、伙伴、孩子）有关系呢？这是怎么一回事呢？”

此时，如果能够看到对方做出回应比较好的改变型对话，则可以进一步地就他们的具体行动和计划来进行询问。

“为此你能够做些什么呢？”

“即使不是立即去做也没关系，为此你能够做的事情有哪些呢？”

“你现在能马上做的事情有哪些呢？”

只要对方表现出了有采取具体计划及行动的意愿，这便是一种最强力的改变型对话，这表明对方想要做出改变的这一意愿是非常强烈的。

提高自我效能感

两价性矛盾还有另一个表现，那就是尽管不愿如此，却陷入了一个认为自己反正做不到的矛盾境地。为了能够让对方在思想上转变成认为自己能够克服这一困难并彻底解决这一问题，就需要让他在思想上认为也许自己能够做到。这是自信，是对其自身能力及精力的信赖感，这种自信和信赖感被称为自我效能感。提高他人自我效能感的有效方法是对当事人好的地方以及已经得到了改善的地方给予肯定性的评价。面对那些具有两价性矛盾的人，越是对他们进行否定性批评，他们就会变得越来越顽固，并且还会开始抵触与我们进行交流，这样就容易加剧问题了。反之，如果能够注意把目光投向他们身上的优点并积极地去看待这些优点，他们就能够逐渐朝着好的方向发展了。

关于该方法的具体内容可参考后一章节中将会介绍到的克服自我否定的沟通方法。

并且，在现实场合下让对方体会到被他人夸奖的感觉，他们就能够更加确切地感受到自己的自我效能感。从最初的一个小步骤开始，对他们的小小进步给予肯定评价，也许在不知不觉中他们便能够获得意想不到的巨大进步了。

只要语言改变，人就会改变

也许有些人会认为，由于语言只是口头上表达出的东西，实际内心在想什么又是不同的，所以即使在口头上说了些什么，也不会发生什么变化的。也有人认为，相比于语言的方式，人类之间的重要信息更多是通过非语言的方式来完成传达的，人类的语言在传达一些微妙语感的时候可能会因其发展还未足够好而导致所传达的信息量过少。因此，通过邮件进行信息传达的时候容易引起各种各样的误会以及感情上的误解。

然而，虽然说语言是一种如此不成熟且缺少信息量的传达手段，却不可以否定它们能够发挥巨大作用。通过对语言的运用，人们能够对他人产生巨大的影响。通过沟通这一方式，无论是让人完全变得像另一个人，还是由此产生的可能性，这些都是语言所蕴含的强大能力。

事实上，我见证过很多人做出改变的那一瞬间。这些案例的共通点便是他们在语言上发生了改变，即他们能够明确地用语言表达出自己想要做出改变的想法。而无法做出改变的人在语言使用上却是含混不清且无前进方向的。无论说什么语言都抱着无计可施的态度，也是那些无法面对自己的人的常态。由于他们一直都是在欺骗自己的过程中生活过来的，所以有时候他们还认为语言只不过是用来撒谎的工具罢了。

然而，即使是这样的人，当他们开始做出改变的时候，语言也会随之发生变化。他们在语言使用上变得更加严肃且富有力量，不会再抱怨对过去的不满，而是开始认真地思考未来应该如何做。人们因为在做出改变之后语言才发生变化，也因为发生了变化的语言促使人们做出了改变。

令人感到不可思议的是，他们的人生最终会变得同他们自己所思考并且通过语言表达出的一样。以患有酒精依赖症以及药物依赖症的患者为对象所进行的研究结果表明，当问及他们认为自己能否恢复以及认为自己恢复的希望有多大的时候，他们一般都能够正确地预估自己的恢复程度。事实上，那些无法在语言上明确表达出自己想要做出改变的人也极少能真正地做出改变。

合适的语言，可以更好地促进行动

如果语言开始发生变化，改变型对话增多并成为强有力的动力时，当事人想要采取实际行动的意愿就会变得更加强烈。同时当事人也会被自己是否会失败和怀疑自己能否做到这一矛盾的不安情绪所困扰。因此就会出现此种情况，虽然在口头上表明了自己各种各样的计划，实际上却都没有付诸行动。虽然有想要开始采取行动去改变现状的意愿，但对于将其付诸行动的这一行为又满怀犹豫、恐惧和消极情绪，甚至，还会想要维持更加安逸的现状。

即使克服了这一问题开始采取实际行动了，有时候也会因体会到了现实的残酷，导致对方轻易地放弃了自己制订的计划。可以说，能否把不容易出现的变化转变成具有实效性的实际行动，是影响当事人能否做出改变的关键阶段。如果已经渡过了最困难的阶段，却在这一步遭受挫败，那是相当可惜的。

无法采取实际行动的情况很有可能是因为当事人的两价性矛盾还没得到完全解决。此时，不可责备对方没能采取行动，而是要理解他们的这种无法采取行动的心情，在挖掘其背后深层原因的同时，进一步询问他们的具体行动计划。如果在他们的行动计划当中有什么比较难以执行的地方，要具体询问是哪些地方，并以此为基础进一步凝练和修改他们的问题点。也许事实只是因为他们的计划本身有一些期望过高的地方，所以才导致他们没有采取实际行动的信心。在这种情况下，只要把计划修改得易于执行即可，这样就能够将计划付诸行动了。

在即将采取实际行动却遭受挫败的时候，就需要看清楚由此造成的伤害的程度。当判断对方是在过于勉强自己，其在心理上已经受到相当巨大的伤害时，就要赞扬他们已经十分努力了，并且要故作轻松地告知他们。这就类似于拳击手在打完一回合的比赛之后都需要稍微休息一下。但是，当对方受到的伤害较轻并且还留有一定的动力时，又或者是在对方过早放弃的时候，就需要建议他们可以稍微改变一下目标再重新面对挑战。

制订具体改变计划，马上执行

能够让强有力的改变型对话成为具体的行动计划，并以此来真正地帮助那些开始认真考虑改变现状的人的沟通方法，就是制订在实际情况中能通用的行动计划。这项工作如果只由一个人来进行是相当困难的，但通过与他人的讨论来进行就能够变得容易去实施。并且，通过从不同的角度对该计划进行讨论完善之后，还能够使它成为更加完美且具有高实效性的行动计划。

为了能够提供有用的信息并以此为基础来实现自己的目标，需要事先就以下问题进行思考并进行相应的工作：如何做才是最好的、哪里会有陷阱、为了防止此类问题的发生该如何做才好、如果导致上述各种事态发生又该如何做才好等。

督促他人的正确时机

随着改变型对话的增加，对方在行动上也会发生变化。但重要的一点是，即使在对方身上看到了好的征兆，也不可过于急切地要求他们立即采取实际行动。如果督促他们的时间过早，之前的所有鼓励就很可能会变成泡影。在对方主动地表达出自己的决心以及具体的行动计划并且他们想要改变的意愿变得更加明确之前，我们最好不要去催促他们。

虽然说，多数情况下即使我们什么都不做，对方也会主动地开始行动，但有时候他们也会表现出想让我们督促他们的这一情绪。这是因为他们遇到了怀疑自己即使挑战了也是否会成功的这最后一道心理障碍。此时，可以不经意地督促下他们。“试着下定决心做一下”“请轻松地去挑战它吧”“即使只做自己能做的也是无妨的”……通过这样的表述来告知他们挑战的时机已经来临，这样就可以给予他们即使失败了也觉得没什么关系的安心感。

对于所谓的因两价性矛盾而造成的思想上的摇摆不定，与其认为我们能够完全克服它，倒不如接受它会一直存在于我们内心深处的这一事实。只因看到对方已经变得积极向上，便误认为他们已经完全从两价性的矛盾中摆脱出来，当对方稍微有些疲惫心态，在语言上变得有些怯懦之时，我们便会将这看作他们的一种“后退”表现，这样一来便使得我们剥夺了对方的逃避场所。

因此我们要明白，即使对方表现出了积极做出改变的意愿，在最开始的阶段它也是比较弱的。因此我们有必要去好好地培养他们的这一意愿，强化他们想要做出改变的意愿，并且在他们的这一意愿还未完全定型之前一直耐心地陪伴他们，这是非常重要的。

第四章
纠正扭曲的认知方式

一旦他们在认知上发生了变化，就能够逐渐意识到之前自己一直认为的由外在因素导致的烦恼实际上都源自自身的偏差。

真正让人痛苦的是认知

能够应对烦恼及困难等人生问题的沟通方法并非只有一种。在第二章中，我们了解到了从明确的目标出发，思考解决方案的沟通问题时，何种沟通方法能够最为有效地解决问题。在第三章中，我们学习到了通过解决两价性矛盾便能够克服这些人生问题的沟通方法。

除此之外，能够解决人生中所遇到的烦恼及困难等问题的，还有另外一种有效的沟通方法，该方法与我们之前介绍的几种方法原理稍微有些不同。

美国一位名为阿朗·贝克（1921年）的精神科医生，在完成了当时极为盛行的精神分析疗法的学习之后，便投入了对抑郁症患者的精神分析治疗当中。他认为抑郁症肯定来自患者小时候所遭受的外伤性体验，并且一直通过让患者说出小时候此类经历的方式对他们进行心理治疗。然而，随着时间的推移，该治疗方法的疗效却并没有那么显著，于是，贝克便开始怀疑弗洛伊德的精神分析疗法是否真的是能够帮助人们摆脱烦恼的最有效的方法。

正如第二章中所阐述的那样，当我们开始研究问题背后的深层原因时，人们一般都会变得郁闷且没有精神，厌恶及憎恨等消极情绪也容易变得更加强烈，短时间内出现病情恶化的情况也并不稀奇。只是，我们不可以因此便误认为这些尝试都是无意义的或是没有效果的。在那些患者的外伤性体验比较严重的案例中，有使用该方法之后效果显著的情况，但同时也会存在短期疗效与长期疗效并不一致的情况。虽然需要长时间地忍受与他们的病因正面交锋的煎熬，但也能够遇到最后完全康复的案例。但是，如果想要在短时间内取得成效的话，该方法便不适用了。

在倾听抑郁症患者的过程中，贝克发现了一个现象。那就是，这些患者对于周围的事物抱有比实际情况还要悲观的想法。他们不仅仅是悲观地看待自己的事情，对整个世界以及未来的认知都是悲观且扭曲的。于是，贝克便开始认为也许这过度悲观的想法才是他们感到痛苦的真正原因。他还试着同患者一起就他们的这些悲观想法是否具有现实依据等问题一一进行了讨论。这样做之后，患者便不得不承认自己的想法与事实其实是相反的，并能够自觉地意识到此前自己是过于从坏的方面来看待周围的事物了。于是乎，他们的抑郁症症状也能够得到改善。

并且，进一步的研究结果表明，这些应对方法不仅能够帮助解决人们所遇到的痛苦和适应不良等问题，对于改善各种各样的障碍以及烦恼也是非常有效果的。该方法如今已作为认知疗法而被广泛普及并应用于这种场合当中。本章将主要介绍这一由贝克首先使用的以认知及其纠正为目标的沟通方法。

认知偏差的真相

具有认知能力的生命体都会进化出一套刺激→认知→反应（感情、行动）的生理系统，这套生理系统能否顺利进行关系到能否进行认知处理。

一旦在认知上发生了扭曲，适应不良的反应就会多于适应良好的反应。其结果就是适应方面会产生障碍，并且，当事人还不会意识到由此导致的在认知处理上遇到的问题。因为这些都是他们不自觉即自动地做出的行为。这种自动做出的认知处理也被称为“自动思维”。

在认知疗法中进行沟通的目的，是让对方意识到自己在这种不自觉的过程中所产生的认知扭曲，并让他们将自动思维纠正。

此外，贝克还进一步指出，认知偏差的背后是因为他们的信念也发生了偏差。比如，一个过度悲观看待事物，即在认知上存有偏差的人，也许在心中就会对自己下这样的错误结论：我是一个无能的存在，我所做的所有事情都不会顺利的。为此，他的行为也会朝着这个方向产生扭曲。即使他获得了一定的成果，也会无视这一事实，只重视那些失败了的事情。

在试图纠正认知的时候，如果只纠正他们在表面上表现出来的认知偏差，是难以顺利进行下去的。很多时候，如果不去努力地纠正他们在根源上便错了的信念，就无法帮助他们产生真正的改变。

与此前的案例相反，有的人还会抱有这样的信念，即“因为我自己是非常优秀的，所以让其他人为我做出牺牲是理所应当的”，这些人无论遇到什么事情都只会考虑自己，并且会毫不在意地利用其他人。

此外，也有人会对他人抱有非常强烈的不信任感，即会抱有这样的信念：“反正人都只会考虑自己的事情，即使找他们商量也是没用的”或者是“因为人都是看不起其他人的，如果让他们知道了我的弱点，只会被他们嘲笑罢了”，此时，他们无论是在认知上还是在行动上，都会因这样的信念而发生扭曲。

不同的人会拥有不同的信念，于是，与其相对应的认知和行动方式也会有所不同。虽说信念是人们在一段非常长的时间内形成的，是非常坚定且难以改变的，但是以往的经验也表明只要努力坚持下去，信念也是会发生变化的。

纠正认知很难，但一击即破

当试图去纠正对方的认知偏差及其背后的信念偏差时，我们将要面对的困难主要来自不得不去纠正他们因在思考上产生了偏差导致的思维偏差。当人们难以意识到自身的这一偏差时，纠正他们就会变得更加困难。这正如试图让那些认为是太阳在转动的人去相信其实是地球在绕着太阳转动的哥白尼。一旦使用了错误的说服方式，就会容易重蹈因引起了人们的愤怒而遭受火刑的地心说学者们的覆辙。

在认知疗法这一特殊的设定中，因为对方具有一定程度的积极性且已经做好了心理准备，所以他们的抵抗会少一些。但是，如果在类似于平常对话的交谈中指出对方在认知上存在扭曲，并试图去纠正这一扭曲，则容易遭到强烈的抵抗。

认知扭曲严重的人，即使被指出了这一问题，也会坚持认为问题的根源在于周围事物而不是自己，对我们所说的话也会充耳不闻。但是，只要耐心地与他们继续交谈，便能够在他们的心墙上凿出一个小小的洞。从这个洞开始，他们的抵抗就会慢慢瓦解。并且，一旦他们在认知上发生了变化，就能够逐渐意识到之前自己一直认为的由外在因素导致的烦恼实际上都源自自身的偏差。在学习能够让人生过得更加快乐、更加丰富的理解方式时，他们的信念也会逐渐发生变化。

只是，我们该如何让对方意识到这一点，并让他们乐意去接受这一点呢？为此，就需要使用与之相对应的沟通技巧了。一旦掌握了这样的沟通技巧，在平常的对话中便能够运用它。

如何让纠正认知变得容易

涂颜料之前所进行的打底工序叫作涂底料，正如事先涂好底料，颜料就能够附着得更好一样，在其他诸多的现象中也能够看到预先做好准备，之后的操作就能够获得更好的效果的情况，此效果便被称为启动效应。

此效应不仅适用于试图纠正他人认知的场合，当想要指出某些问题点或是试着说服他人时，只要事先进行了“启动”这项操作，就能够大大地减少对方的抵抗。

在沟通的过程中，启动这一操作是我们会经常使用到的一项技巧。比如，用最贴近我们生活的例子来说明吧，我们可使用“您能别生气，先听我说一下吗？”或者是“有些事希望您能冷静地听我说下好吗？”这样的措辞。

同样，当面对那些一旦说出口就会引起对方强烈情感反应的情况，通过事先进行启动的这一操作，就可以让对方预想到接下来我们会说出一些令他震惊的事情，于是便能够冷静地听我们所说的话了。

在指出对方在认知上存在扭曲的场合下，启动这一操作是非常重要的。

例如，作为在认知疗法中要搭建的特殊框架，这框架本身便成了一项启动操作。并且，对于认知疗法到底是怎么一回事的这一问题，如果事先向对方解释了有关认知偏差、自动思维、信条及策略等概念，便能够获得强大的启动效应。

如果之后再指出那些我们已经事先说明的问题，便可以让对方更容易去接受它们。但是，如果省略了这一步骤，直接指出这些问题，就很可能会让对方认为，我们这是在指责他们，导致他们做出过激的反应。

无论在何种场合都进行指导和指示，在试图纠正他人认知的时候也事先做好一般性的说明，接着再进行实际操作去指出对方具体的问题点——这样的方法能够提高我们对该方法的学习效果。

哪怕是在很短的时间内，通过事先进行说明的方式也可以大大地减少对方之后的抵抗以及问题的困难性。以下是使用该方法的具体例子：

“无论是谁在理解及感知事物方面都有自己的偏好。因为这是与生俱来的，所以对于我们来说便会成为极其自然的思维模式。这种对事物的理解方式叫作认知，但大多数情况下，我们却意识不到自己的这个习惯，在不知不觉中便会陷入认知的陷阱中。这便是我们感觉人生痛苦以及遇事不顺的原因。好不容易有这个机会能同您进行交谈，我希望自己能够把握好这个机会。所以，如果在接下来的对话中我发现了您认知上的偏好或者陷阱，能否允许我告知您呢？”

类似于这样事先征求对方意见的做法，不仅能够减少他们的抵抗，还能够进一步指出问题并让他们接受自己的问题，又或者是通过我们的指出，他们得以更快地产生想要纠正自己的认知偏差的积极想法。

在此基础上，当想要实际地指出对方的问题时，为了能够让对方做好心理准备，最好再进行一次启动的操作。

“我在与您交谈的过程中，有一些注意到的事情……是有关于之前说过的认知偏好的问题。我现在可以说这个问题吗？”

“您还记得我之前说过的，我们在接受各种事物的时候都有自己的偏好这件事情吗？并且，我记得曾征求过您的意见，如果我有什么发现希望您能够允许我直接说出来……那么，我现在就注意到了一些问题。”

使用这样的开场白来征得对方的同意再开始交谈的话，不会让对方觉得自己的安全感遭到了侵犯，于是便能够做好积极的心理准备了。

指出对方偏见的技巧

让我们一起来看一下在反复实施家庭暴力的男性案例当中，当指出他们在认知以及行为模式上存在偏差时该使用怎样的说话方式。

“我是这么认为的，一旦别人拒绝了您的要求，您就会不由得认为自己受到了别人的轻视。您自己是怎么认为的呢？”

“或者是，一旦被别人说了些什么事情，您就会感到十分愤怒。您自己又是怎么想的呢？”

要做出这样的姿态来征求对方的意见，而不是将我们的看法强加于他们身上。

如果对方认为我们说的有道理，并且做出的回答有表示他们会接受我们观点的迹象，就要不失时机地引导对方说出他们做出相同反应的具体情况。

可以假装不经意地问他们：“这样的事情，之前在其他的情况下也发生过吗？”一旦对方回想起了具体的经历，就要让他们依次从以下三个方面进行情景回顾：①契机是什么？②做出了什么样的行为以及有了什么样的情感反应？③他们是如何去理解那些作为契机的事件的？

在认知疗法中最为重要的是“因为对方是如何理解”的这一部分。这与先前介绍的自动思维有关，是会对某一状况产生反射性反应的一种思维模式。虽然让对方明确地说出并意识到这一部分是非常重要的，但在最初的阶段，大部分人是无法顺利地说出的。此时，还有一种方法，就是述说由我们推测出的情况。“您是……这么理解的吗？”以此来委婉地进行询问。

此外，让对方意识到自己的认知与现实之间存在的偏差则是另一个要点。

“也就是说，现在试着把实际发生的事情与您自身理解的情况做下对比，会是什么样的呢？”

“之后再思考的话，会认为还可以有其他稍微不同的理解方式吗？”

“现在去思考的话，会觉得自己的理解方式有点儿过头吗？”

如果对方回答意识到这一偏差的内容，就表示他已经开始在对自己的认知进行纠正了。此时，需要进一步把这对认知的纠正发展为更加明确的东西。为此，下列这些询问方式是非常重要的：

“您认为还可以有哪些其他的理解方式呢？”

“那么，您认为怎样的理解方式才更好呢？”

如果对方说出了其他不同的理解，就要对其给予肯定评价，并接着进行如下的询问：

“如果采用了这种理解方式，之后的反应会有什么不同呢？”

“如果您能够这样去理解事情，之后的事态会有哪些不同呢？”

在诸多的案例中，经常会频繁地出现那样一个或两个的思维模式，此时的要点是要将它们与此前他们所说的经历关联起来。

“最近确实没有遇到与这类似的经历吗？之前您跟我说的又是怎么一回事来着？”通过这样与他们之前所说的经历进行关联，以此来帮助对方意识到其实自己也是容易陷入相同的陷阱中的。

最后就是要总结对方当天所说的话，整理他们当天的发现和进步，并对此给予肯定性的评价。

“受害者思维”的应对方法

虽然存在几种典型的思维模式，但重要的是，不可过于单纯地断定那个人所特有的思维倾向。

“我是这么认为的，一旦别人拒绝了您的要求，您就会认为自己受到了别人的轻视。”

这被单纯地称为“受害者意识”，一方面可以让我们更容易去理解和认同（意识到他的这一认知模式）他们的这一思维模式，另一方面又会让我们忽视他们容易产生受害者意识的这一信息，最终导致我们难以发现他们特有的思维倾向。有时他们因为感觉自己被打上了否定的标签，就会拒绝去接受并承认自己具有这一思维倾向。

因此，切勿在刚开始的阶段便单纯化地给他们打上标签，才是比较稳妥的做法。更好的做法是尽量等他们本人发现自身的思维倾向，并且从他们自己的口中说出此种发现。一定程度上，对方会逐渐明白自身的思维倾向，并会向我们述说其他类似的经历，在这个阶段，我们要试着进一步促使他们加深认识，“我认为，目前为止，您已经多次理解别人对您的看法了，您自己是怎么觉得的呢？”

如果对方做出了这样的回应：“我觉得自己好像一直都以为别人是在贬低我。这是被害妄想症吗？”

你可以这样回复他：“您确实冷静地做了回顾。虽然还没有到被害妄想症的程度，但因为它具有受害的这一层理解意义，所以我们将这称为受害者意识。如果别人拒绝了您的要求或是没有遵循您的指示，您似乎就比较容易产生受害者意识。您自己是怎么认为的呢？”

像这样由我们来进行说明，一定要征求对方的意见或感受，这样就不会让他们觉得自己是被强迫的，从而就能够引导他们主动地参与对话了。

并且，为了不让对方陷入错误的认知模式，努力地去纠正他们的认知也是非常重要的。

“重要的是，如果发现他们在理解方式上有错误的偏好，就要改变他们的理解方式以求不再重复相同的思维模式。在这个时候，该如何去理解才能够让认知纠正变得更加顺利呢？”

这需要由对方本人去思考这一问题，让他们用自己的话说出应该采取的理解方式以及应对的方法。我们需要做的就是向他们提供帮助并在他们重复的过程中进行最后的总结。

“您现在说的方法是，即使自己的要求遭到他人的拒绝，也不可以认为自己被他人轻视了。这是一个非常重要的应对方式。”

在思考应对方法的时候，考虑导火索的状况也是非常重要的。这是因为，当对方意识到自己在何种状况下容易产生受害者意识，就能够想出更加具体的应对方法。

“为了防止错误的认知和行动模式，事先知道受害者意识都会在何种状况下产生是非常重要的。所以，您这边又是怎样的状况呢？”

此外，要让对方亲口说出当他们的要求遭到拒绝或是别人没有遵循他们指示的时候，具体状况是怎样的，并且要对这些状况进行反馈。

常见的认知偏差和信念偏差

关于那些十分常见的典型思维模式，如果我们对它们有了一定程度的了解，依此便能够容易地分辨出对方是否进入存在偏差的思维模式了吧？

这种情况下，将思维模式大致分为与基本认知相关的模式和与信念相关的模式来进行思考则会更易整理。

1. 与基本认知相关的思维模式

“总觉得您在看待事物的时候是非黑即白、非有即无的，是这样的吗？”（极端的思维）

“您会仅仅通过一两件事情便认为所有的事情都是这样的吗？”（过度引申）

“我在想莫非您只看到事物坏的一面而无视了好的一面，并以此来认为所有的事情都是坏的，是这样吗？”（选择性概括、否定思维）

“您一旦遇到一点儿不好的事情，就会认为所有的事情都是不可行的，并会开始产生绝望的想法，是这样吗？”（灾难化思维）

“您会认为那些与您无关的事情也是由自己造成的，是这样吗？”（自我参照）

“您会出于自己感性的印象来给事物下结论，是这样吗？”（感性的推理方法）

2. 与信念偏差相关的思维模式

“如果事情都没有按照您认为的那样去进行，您就会感觉不舒服，是吗？”（“应该”思维、“不完美即无意义”信念）

“您是觉得无论自己是什么样的人，一旦别人交给了您任务就必须由您去完成它，是吗？”（“如果没有尽到自己的责任就认为自己失去了价值”信念）

“您自己无法做任何决定的原因在于您认为如果不依赖别人自己什么都做不成，是吗？”（“因为自己是无能的，所以不依赖别人就无法生存下去”信念）

“您认为自己没有被任何人爱着，是吗？”（“因为自己没有优点，所以认为谁都不会来爱我”信念）

“您是认为一旦变得亲密，对方就会开始讨厌您，是吗？”（“认为一旦对方知道了自己真实的性格就会不爱我”信念）

“您认为别人不知道什么时候就会背叛您，是吗？”（“因为别人不知何时就会背叛自己，所以是不可靠的”信念）

“稍微失败受了点儿伤，您就后悔早知道如此当初就应该不去做了，是吗？”（“失败受了伤就认为不应该挑战才好”信念）

…………

虽然说每个人的信念都有他各自的个性在内，没有必要去要求大家变得千篇一律，但是还是有一种大概的模式的。想再详细了解这一模式的读者，可阅读我的拙著《不正常人类研究所》（PHP 新书）以及《了解人格障碍[1]》（法研社），想必能够帮助大家更加轻松地了解它们。此外，作为专业的参考书，我向大家推荐《人格障碍的认知疗法》（阿朗・贝克、阿瑟・弗里曼著、岩崎学术出版社）。

[1] 原书名为《パーソナリティ障害がわかる本》，国内还未有该书的译本，此为译者暂译。

面对认知严重扭曲的人，如何启动？

在认知扭曲十分严重的案例当中，当事人不会承认自己的认知与事实之间的偏差，而是会将这种问题的指示看作别人对其自身的责难，并且会因自己不被他人信任而感到愤怒。反过来，他又可能会陷入过度的自责，连同周围发生的问题也都会认为是由自己造成的。多数情况下，在将责任转嫁给周围事物的案例中想要对当事人进行认知纠正是非常困难的。

总体来说，认知扭曲严重的特征就是患者会十分容易陷入消极的情绪中，并且被他人伤害的想法会变得非常强烈。他会一直固执地认为，错的是周围的事物，而自己明明做的是正确的事情却遭到了不公平的对待。在这样的情况下，回顾他们的经历（以前发生的事情）你就会发现，他们复苏的只有强烈的消极情绪，这种情绪阻碍了我们对客观事实的回顾。

此时，使用哪种沟通方式才有效呢？

首先要对他们感到受伤的这一心情表现出同理心，并且必须要向对方强调我们这样说绝对不是在责难他们；在此基础上，再告知对方，即使他人对你做出了不当的行为，重要的是如何妥善地应对它，将伤害控制在最小范围内。

“我现在让你思考的问题，并不是在责难你，而是为了帮助你想出妥善保护自己的方法。即使对方做了一些令你讨厌的事情，我们也必须保护自己，是这样吧？那么，让我们一起思考下，遇到这种情况应该如何去理解对方的行为才不会让自己产生讨厌的情绪呢？”

当对方感觉到自己的心情得到了我们的理解，并且变得想要积极去改善问题，他们也许就会开始考虑其他的理解方式了吧。然而，尽管如此，有时他们也仍然会陷于自己的受伤情绪中。他们可能会做出具有攻击性的回复，如“死了才好”或者“绝不原谅”等，也可能会通过过激行动来表达他们的反应，即“我才做不到其他的理解方式呢！都是他的错，揍他一顿就好了”。

在这种情况下，使用能够让他转换心情或是冷静下来的说话方式是很有必要的，其要点在于表现出同理心以及做出肯定性的反应。即使对方做出的回应并不是很令人满意，也需要在理解他们受伤心情的同时，去引导他们试着思考一下实际的应对方法。

“但是，如果你真的揍了对方，这件事就变成你的错了。你之所以没有那么做是因为你忍住了，这是非常好的表现。但是，只是一味地勉强自己忍耐，之后反倒会变得更加生气吧？所以，让我们一起思考下可以免除这种‘后顾之忧’的更好的理解方法吧。”

此外，通过举例来进行说明的方式也可以成为帮助对方转换视角的契机。

“请想象一下拳击比赛时的情景，对方向你打出了一拳，这个时候，你做出回击是非常重要的，但是否还有另一种更加重要的反应呢？没错，那就是躲过对方的这一拳。不管对方的这一拳有多重，一旦你从正面接受了他这一拳，就可能会被他打倒哦。理解他人行为的时候与此时的情况是相同的。相比于因对方打出的这一记拳头而感到生气，我们不是更应该去练习如何躲过他们这一拳吗？”

事实上，认知的纠正与拳击中的躲避方法以及柔道中的受身练习是非常相似的。既然参加了人生的这场比赛，对方就会不断地向你打出拳头，这是不可避免的。为了不遭到对方的致命一击，重要的是要加强自己的防守、使用步法及向后摆动等动作来躲避对方的攻击，以此来出色地应对他们。

在坚持使用了以上的各种技巧并坚持不懈地与当事人进行沟通之后，对方最终可能会笑出来并开始转换自己的视角。对方能够笑出来是一个非常好的征兆。笑以及幽默感原本就是在视角转换之时才会出现的迹象。

转换视角的时候还有一个很有用的方法，那就是让对方转换自己的立场之后再去进行想象。

比如，假设某人遭到了母亲的家庭暴力，这个时候让他想象一下与母亲转换了立场之后的情景。但是，如果突然让对方就这种情景进行想象，他可能会干脆地回答道“想象不了”，所以可以事先进行简单的启动操作。

“你似乎挺擅长想象。可以稍微试着想象一下吗？是在假设的情况下哦。请想象下，如果时空出现了裂缝或是出现了其他的错乱，导致你和你母亲的身份发生了转换，也就是说，你变成了你的母亲。此时，你认为作为母亲的自己，会如何去看待自己孩子的行为呢？”

根据情况需求，告诉对方“由我来代替你这个角色”，向对方演示其本人所说的话以及态度也是个不错的方法。当看到别人表演自己的行为之后，对方可能就会意识到这些行为的滑稽和荒唐，甚至还会不自觉地笑出来吧。这样一来，便能够出现促使对方去回顾自己的态度以及纠正自己的认知和行为的契机了。

追溯至亲子关系，根本性治疗心理阴影

通常的认知疗法以及认知行动疗法并不把这种偏差的原因本身看作问题的所在。该疗法会暂时将产生偏差的原因搁置一旁，通过改变对方的认知及行动模式来试图改善对方的适应感，即解决问题。可以说，认知偏差是症状诊断，而非原因诊断。相比于为何会产生偏差，更重要的问题在于为何偏差会一直存在，不去追溯其原因，而是把主要精力放在纠正问题这一事情上。从这一点来说，这与焦点解决短期疗法十分相似。

然而，在患者所受的心理伤害非常严重的案例中，仅仅处理他们在认知上存在的偏差，再怎么努力也是难以解决问题的。此时不可以认为，这种偏差一直存在与其产生的原因是没有关系的。很多时候，如果原因一直没有被消除，就会造成状况的进一步恶化。

对于为何会陷入这样的认知偏差以及信念偏差的这一问题，追溯

并理解作为其原因的经历的做法，虽然看似绕了远路，但事实却证明最终问题都能够更好地从根本上得到改善。

虽然说有时候需要带着玻璃的碎片去接受治疗，但如果陷入皮肤的是铅弹，不去冒着风险将其拔出，就很有可能会一直痛苦下去。

那么，这认知及信念上的偏差最初又是从何而来的呢？贝克认为关于其起源，有必要追溯到“天性与养育的相互作用”这一问题上。贝克认为，当某个孩子本身所具有的天性的感受力与他被拒绝、被遗弃、被阻碍等养育上的问题等不幸因素相结合的时候，他就会产生“谁都不爱我”的否定信念。

心理治疗专家洛娜·斯密斯·本杰明进一步发展了贝克的这一想法，他认为产生认知及信念偏差的原因在于当事人将其孩童时代与父母等重要亲属之间的关系重现到了与其他人的关系上，并以此发展出了通过让对方意识到这一问题来帮助其纠正自己的人际关系的心理治疗方法。

实际上该心理治疗方法已经被多位心理治疗专家采用并进行了实践应用。该方法的要点在于，将现在所发生的问题与其过去的经历结合起来。虽然需要一定的时间，并且在一段时间内会出现他们对自己父母的批判以及自身的不安情绪和依赖性会增强的情况，但这却是一个可能会让患者获得根本性恢复的治疗方法。

第五章
克服极端的自我否定心理

其关键在于让对方发现那些被他们认定为无用的事物当中其实也存在着好的、有用的方面。这些好的方面，可以是他们并未察觉的优点，也可以是某种价值、长处、正确性、教训及智慧等。

纠正强烈的自我否定

在各种各样的认知偏差背后时常还隐藏着另外一个问题，那就是自我否定的这一信念。这一部分的信念是不会轻易发生变化的，无论如何去纠正他们表面上的认知，如果其根本上的自我否定信念没有得到纠正，大多数情况下是难以看到良好的结果的。

该如何去纠正这种强烈的自我否定信念是一个非常重要的课题。自我否定与自残行为以及自杀等严重问题都有关系，甚至还会成为间接导致当事人做出损害自己、贬低自己行为的内在动因，比如对药物及酒精产生依赖性、做出不良行为或是犯罪、若无其事地干寡廉鲜耻的事等。即使想要从正面去纠正他们的自我否定信念，但是有时因为两价性矛盾原理，可能会反过来导致他们的自我否定信念变得更加强烈。那么，该如何去纠正他们的这一信念呢？

反复企图自残及自杀的状态被称为边缘性人格障碍。近年来，我们周围患有此人格障碍的案例在不断增加。美国精神科医生玛莎·莱恩汉（1943年）在对该人格障碍进行治疗的过程中，通过由第三者去监控使用何种沟通方式能够促使对方产生良好转变的方法，最终，莱恩汉总结出了名为认可策略（Validation）的心理治疗方法。“validation”一词可翻译为认可或是承认，简单来说，就是承认这样便很好并肯定地接受它。

但是，这并不是简单地否认错误以及问题的存在。那是不诚实的表现，对方也不会认同这一点，只会让他们觉得“才没有什么好的地方呢”。那么，要如何做才能够让对方承认这样便很好？那就要去寻找事物中存在的好的方面。要抱着无论是多么糟糕的状况下也应该会存有好的方面的这一观点去寻找，即使确实存在着某些不好的方面，也可告知对方实则还存在着好的一面。

实际运用过该方法之后便能够理解这个认可策略是非常有效的，尤其是当对方受伤非常严重且处于非常糟糕的状态时，有时甚至还可促使状况发生逆转。

该方法不仅能够纠正对方的自我否定信念，还能够改善他们的极端思维。莱恩汉的这一方法原本就是以改善极端思维问题为目标提出来的，其最开始是为了帮助那些容易认为所有事物都是非有即无、不是都好就是都不好来极端地理解事物的人，运用寻找好的方面的沟通方法去改善他们的这一极端思维。事实证明，该方法不仅能够纠正人们的极端思维，甚至还能够改善自我否定的信念以及与其相关联的否定认知的整体。

极端思维与否定认知及自我否定有着密切的联系。完美的存在就是好的，而不完美的存在便是坏的，真若如此的话，那么大部分的事物都会变成坏的了。无论是他人还是自己都变成了不完美的废物的话，那么任何事物都会变得不可靠。

为了改变这样的理解方式，其关键在于让对方发现那些被他们认定为无用的事物当中其实也存在着好的、有用的方面。这些好的方面，可以是他们并未察觉的优点，也可以是某种价值、长处、正确性、教训及智慧等。其所采用的正是这样的逆向思维，那就是即使失败了也一定会有所收获，痛苦和挫折能够让人类变得更加强大、更加聪慧。

纠正极端思维的四大认可策略

莱恩汉将认可策略大致分为了四大类，即情感认可策略、行为认可策略、认知认可策略以及加油（Cheerleading）策略。

1. 情感认可策略

情感认可策略，一言以蔽之，就是让对方如实地表达出自己的心情，接受并理解他们的这一心情，并对其所包含的意义表现出同理心，同时给予肯定性的评价。

如今依旧比较普遍流行的观点认为，一旦让对方表达出他的心情，就可能会逐渐强化他的这一心情，最终导致无法控制它，所以最好不要过多地倾听对方的心情，而是让他学会隐忍才好。

针对这样的观点，莱恩汉从正面予以了否定。让对方如此抑制自己情绪的做法会使问题变得更加严重，反过来还会导致他们在感情上的失控。莱恩汉认为，倒不如对他们如实表达出自己情绪的这一做法给予肯定，让对方感受到无论何时，他们的心情都是能够被我们所理解的。这样一来，他们就不会再为了表达愤怒或者是情感的宣泄而做出不良行为，情绪也会因此变得稳定下来。实际上，从长远的角度来看，事实确实如此。

静下心来，一直听完对方的话，理解他们的心情，并肯定他们能够表达出自己心情的这一行为是非常重要的。

“很好地表达出了自己的心情啊，这是非常重要的一件事情呢。”

“您能够这么认为是再好不过的了。”

“无论是生气还是哭泣，都是有它的原因的，都是具有一定的意义的。”

“看来您当时非常生气啊。您能再多说一些当时的情况吗？”

接下来所列举的是不认可行为，这些都是需要尽量避免的、具有典型性的说话方式。

“你如果变得如此感情用事，这谈话是无法进行下去的啊。”

“没有必要这么去想，你考虑的东西太多了。”

“你不应该只会抱怨，而应该感谢如今的状况才是啊。”

2. 行为认可策略

这是从所有的行为都有它的理由以及意义，因此都是可以被理解的这一角度出发，如实地接受对方做出的所有行为的一种策略。与该策略相违背的是所谓的“必须”思维。一旦陷入了只能做正确的行为而不可以做出错误行为的“必须”思维，对方就会否定地看待做出了某些错误行为的自己。为了抵抗这一“必须”思维，不应该从正误的角度去评判要发生的事情，而是要向对方反复地传达这样的理解方式，那就是发生的所有事情都是理应要发生的。并且，也要理解那些被对方认为是“必须”的事情。

比如，面对一个反复进行自残行为的人，无论如何告诫他这种自残行为是不正确的是不应该做的，也就是用“必须”的口吻来劝说他，几乎是没有什么效果的。一旦我们这样说了之后，只会让对方认为做出如此不好行为的自己是一个坏家伙，或者促使对方自暴自弃地做出其他不好的行为。我们最终没有对对方的行为给予认可，那么作为对自己的进一步惩罚，对方可能还会加剧自己的自残行为。

对此，莱恩汉提出了完全相反的看法。那就是，即使对方做出了自残的行为，也要理解并接受它，认可他们的这一行为也是具有一定的意义的。绝不能否认或是指责他们的这一行为，而是要着眼于他们这一行为的积极方面。事实上，采取这种态度，比采取禁止的态度能够更加有效地减少对方的自残行为。

我们一直被各种各样的“必须”所束缚。这一束缚让我们变得胆怯、感到痛苦。有的人会在内心如此地束缚自己，“必须要得到公司上司的肯定，不这样的话自己就是无能的”。针对这样的“必须”思维，我们要让对方明白，绝对没有这样的事情，无论哪种生活方式都是可以的，不能因为事情没有按照预期的方向发展，就认为自己的价值降低了。要进行逆向思维，即使事情不如预期，也要认为其实这样也有另外好的一面，并且连同进展不顺的行为及其结果也要去肯定地接受。

首先重要的是，要让对方根据事实如实地就自己的行为进行说明。其要点在于引导对方不进行感性的解释或是自我表达，客观地说出当时的事实。

“能如实地告诉我当时具体发生了什么事情吗？没关系，我不会因此责怪你的。”

“虽然你自身的想法也是非常重要的，但是实际的行动又是怎样的呢？”

要让对方尽量客观地描述当时的事实，在能够与对方共享这一事实之后，不要去否定地解释他们的这一行为，而是要探寻他们这一行为中的肯定意义。在对方陷入强烈的自我否定情绪的情况下，这一操作尤为重要。

“你是遇到了什么事情才做出如此行为的吗？”

“我认为你的这一行为其实也是出于某种动机的吧？”

“你是因为这件事才责怪自己的吗？”

以此来发现并指出对方陷入了“必须”思维的这一问题点，并告知他们这并不是唯一的正解。

“你为什么会认为不这样的话，自己就是无能的呢？”

“我并不认为不这样的方式就不行，因为人生的答案并非只有一个。”

此外，还可以从他们这一行为中所学到的智慧、教训以及积极意义等方面来与他们进行交谈。

此时，应该避免的是，不仅否定他们的行为，还全盘否定了他们的努力及人格，甚至采用威胁他们、想要放弃他们的说话方式。

“你又这么做了，你到底在想些什么啊？！”

“你总是在做一些相同的行为，难道一点儿改变都做不到吗？”

“你要是再做出同样的行为，那我就真不知道该怎么办了啊。”

3. 认知认可策略

在上一章节中，我们介绍了让对方意识到自己在认知以及信念上的偏差，并对他们的这些偏差进行纠正的认知疗法。在认知疗法当中，主要是让对方能够自我地意识到认知上的偏好给他们的生活带来的不利影响，并将他们的这一认知偏差纠正为能够适应得更好的理解方式。

认知认可策略在着眼于认知偏差及信念偏差这一点上与认知疗法是相同的，但在其他方面就有所不同了。莱恩汉意识到按照我们通常采用的认知疗法那样，指出对方的认知与现实之间不契合的地方并以此来打破他们固有认知的做法，继而认识到自己的认知是错误的，这种做法并没有做到对他们的认知给予认可，因此对于那些容易受伤且情绪不稳定的人来说，反而会起到相反的作用。并且她发现即使对方的认知以及信念具有适应不良的地方，也不可否认他们的这一认知或信念，让他们去纠正自己的这一点，反之承认他们的认知及信念中所具有的积极一面，并以此来鼓励他们的做法，则能够更有效地帮助他们纠正这些认知上的偏差。

总之，“患者”“有问题的孩子”以及“有问题的社员”等叫法都可能会使我们戴上有色眼镜去看待对方。无论是情感上还是行为上，甚至我们的理解方式以及思考方式都会因这样的叫法而发生扭曲，这种情况并不少见。如果戴着这种有色眼镜去仔细倾听对方所说的话，即使我们清楚对方所说的都是认真的，大多数时候也会给他们贴上诸如“强人所难”或是“推卸责任”或是“依赖性太强”等否定的标签。

即使被他人告知“你的这种想法是非有即无的思维”或是“你这是陷入了受害者意识”，其本人对于这些既定的事实也是无计可施的。此外，虽然说事情变成如此是有其理由和具体状况的，但是如果一味地跟对方说明他们在认知上的偏差，这样做是无法让对方感受到自己的心情被我们所理解了的。他们只会认为我们这样做只是在否定他们的行为，对于该如何做才好则变得越来越迷惑，最终连自信也会消失殆尽。

莱恩汉所采用的是与此完全相反的方法。

假设有一位女性因被自己的上司提醒了，心情变得十分沉闷，对任何事情都变得厌烦起来。

面对这种情况，首先最重要的是，要明确地区分“现实中发生的事实”与这位女性“脑海中发生的事情”。其原因在于情绪不稳定的人容易将这两者混为一谈。“被上司提醒”这一事实会被她迅速地替换成“自己被上司讨厌了”或是“自己被上司欺负了”等含义在内的解释。因此，此时就需要练习该如何去纯粹地抽出那些客观的事实，并如实地看待这些并没有被她的固有认知所影响的事实。

首先要让她说出某些事情具体是如何发生的。在此过程中，当对其掺杂了自我理解的事实表示看法的时候，不可以如此地否定她，不可以说“才没有这么回事呢”或是“这是你自己瞎想的吧”这样的话，而是应该说“你是因为哪一件事情才会这么想的呢？”在表现出同理心的同时使用能够挖掘出事实的询问方式。

如果对此她回答的是“他只提醒我一个人要注意”，就要进一步询问上司提醒过她几回以及是否从未提醒过其他人等其他具体的情况，以此来将事实与其固有的认知部分区分开。只是，不能因此就去证明她的这一理解方式只不过是她自己的固有认知。在这一点上莱恩汉的方法与认知疗法有所不同。在对事实以及其自身的理解进行区分之后，要这样理解对方的想法，“你的上司似乎是一位会提前提醒别人注意一些细节的人呢。这样的话，也许他就不是因为讨厌你才提醒你要注意了。只是你一旦被上司提醒了就认为自己被他讨厌了呢。”

该方法的优点在于，不会固执地坚持其中某一方面的观点，而是采取了接受对方感受的同时，也指出了其他可能性的这种两面作战的方式。这样一来，对方就不会认为自己遭到了我们的否定，从而就能够更容易地接受我们提出的其他观点了。

这之后的步骤，认知疗法通常的做法是，把主要精力放到了直接去纠正对方是否还有其他理解方式的这一点上，而认知认可策略所采用的方法则是，索性认为他们的这一理解方式一定也具有某种意义，探查隐含其中的真理和智慧，承认他们这一理解方式的高明之处及其所具有的独特价值。

“虽然你的这种想法有时会让你感到痛苦，但既然你已经与它一同生活至今，它对于你来说肯定具有什么重要的意义吧？”

“你一直是在用这样的理解方式来保护你自己吧？”

要如上述这样着眼于它们的积极意义方面。

当然，引导对方说出他们的真实想法并以此来加深话题的做法的重要性就不必赘述了。

这种方式为什么能够促使他人开始做出改变呢？对于那些习惯了不使用计策直接进行攻击的人来说，可能会难以领会。然而，人类正是如此的生物，尤其是对于那些心理受过创伤、容易受到伤害的群体来说，当仅仅因为某件事是正确的就被人严厉要求必须去做，只会得到相反的结果。

为何会如此呢？这是因为我们对他们不予以认可的做法，夺走了他们的精力，导致他们产生了消极的想法。向对方一直重复他们所经历的状况，不仅是无意义的，反而还会让事态进一步恶化下去。对于这样的群体来说，最重要的是要去理解并接受他们的想法。当对方认为我们是真心理解了他们之后，就能够产生充足的精力，也就没有必要再去纠缠曾经那个不好的自己了。

4. 加油策略

有时候，我们需要帮助那些极难应付的人重新振作起来或者帮助那些即将放弃自己的人重新找回希望和斗志。在这样的时刻，如果用一些完全没有感情或是热情的话语来表达我们对他们的理解，哪怕说再多也是没有用的，最终只会变成一种怎么着都行的状态。

在诸如此类的困窘场合下，无论面对什么样的挑战，如何度过这种需要坚持的关键时刻，将会影响事情的成败，甚至还关系到能否通过成功的经历来使对方获得自信。

这种将对方逼入绝境的状态，就类似于一场处于劣势的拳击比赛。此时，在场边的教练员该如何做才能够让败象昭然的拳击手重新燃起斗志呢？当然，此时即使向他传授一些难的技巧也是于事无补的。要想直接影响对方的内心，就需要发自内心地去劝说他们。

莱恩汉将这种类似于拳击教练所进行的鼓励方式称为加油策略。这是对话的一种特殊形态，但是在实际生活中，它会比那些常见的对话方式更具效果，所以在实际中也会经常被使用到。参加过体育社团活动的人大部分都比较擅长这一沟通技巧，尤其是从事竞技体育的人在团体比赛中一般能够自然而然地习得这一技巧。这是因为他们通过相互鼓励加油来渡过困境的经验发挥了作用。

由于在加油策略中，不仅有理性的部分，还牵涉感性的部分，所以就有必要去掌握如何才能够控制好这两部分内容的技巧。

有时只需要待在已经具有这一项技巧的人的身边，就能够自然而然地受到熏陶、习得这一技巧。借着酒劲来认真地相互鼓励或是一起拥抱放纵身心的经验也能够多多少少地起到一定的作用吧。

只是对于那些被理性思维所束缚的人来说，大概不太擅长这样的鼓励方式。然而即便不擅长也有不得不这样做的时候。接下来让我们一起来记录一下莱恩汉所列举的几个要点吧：

（1）“做得很好”——事到如今依旧有想要逃跑放弃的念头时，即使告知对方哪些是错的哪些是必须要改正的，也只会让对方认为我们这是在否定他们的能力，从而起到相反的作用。面对这种情况，首先要做的就是对他们奋力拼搏的姿态予以肯定并加以赞赏。

（2）“是你就一定能行”——这一要点在于，没有比向对方传达我们对他们的信任更能让对方重新振作起来、获得勇气的方式了。此时，希望大家能够联想到皮格马利翁效应。

（3）“你是具备这样的能力的”——作为证明他们可能性的证据，可再进一步深入地向对方强调他们是具备一定的能力的，这能够进一步地加强皮格马利翁效应。当对方问道“为什么你知道”的时候，就可以这样回答他们：“因为我一直都在关注着你，所以我知道你是有这样的能力的。”

（4）“反驳来自场外的批判”——有时候即使我们肯定地看待对方的表现，但还是会有人向他们泼冷水。此时，对方会将这些否定的评价作为例证，重新恢复“果然自己还是无能”的这一想法。在明确意识到这是不当批评的场合下，就必须要果断地反驳他们的这一观点。

“不要认为你这样做是错的。他们只是还不很清楚你目前的状况罢了。我认为目前的你并不是这样的。”

“你听到这些的时候是如何想的？你认同这些批评吗？不认同的话就说明你并不是这样的，我也认为你并非如他们所说的那样。”

一般来说，评价有时也正好表明做出评价的人是重视这些问题的，因此此时最好避免采用否定评价之人的说话方式。其要点在于肯定地解释他们的批评，之后再去纠正他们。

“虽然知道你说这些话是为了让他重新振作起来，但是不是有点太过严厉了呢？我认为你应该清楚他已经十分努力了。”

（5）“我会一直在你身边，所以不用担心”——向对方传达我们会一直在他们身边加油鼓劲的，对于那些具有强烈不安感以及比较脆弱的人来说，能够让他们重新恢复想要继续奋斗一下的想法，从而以此保持他们的斗志。此外，向他们强调一直以来一同奋斗过的经历也是非常重要的。

“想想我们一同奋斗过的时光吧，我们连那样的难关都一起渡过了，再加把劲。”

（6）“试着从自己能够做的事情开始”“思考一下自己能够做什么”——一旦对方恢复了一些干劲，接下来要担心的问题就是，他们的这份干劲能否转化为真正实际可行的计划。想必大家还记得在两价性的矛盾当中，其中一方面的矛盾就是与可行性方面相关的矛盾吧。如果对方认为果然这还是不可能的话，就会导致好不容易重新恢复干劲的对方又变得萎靡不振。所以，在他们的干劲逐渐高涨的时候，就需要不失时机地让对话朝着制订具体计划的方向发展。此时，相比于过多地关注对方如何才能够达到自己的目标，倒不如暂时先思考下对方能够做哪些事情，这才是更加现实的做法。大多数情况下，由此便能够寻得解决问题的突破口。

（7）“继续陪伴”——这就是最后一个要点，那就是无论事情进展顺利与否都要继续陪伴在对方身边，并且要向对方说明这一情况。即使在事情进展不顺利的时候，我们也依旧会陪伴在他们身边，这样就能够强化对方不论在什么时候自己都不会被抛弃的这一想法，消除对方的自我否定感。做出“无论何时都会支持你的”这一姿态是非常重要的。此外，要着眼于过程而非结果，对他们的进步予以表扬，并对此予以肯定的评价是非常重要的。

“如此困难还能够坚持到最后真是太棒了。虽然说着自己已经不行了，但还是做到了，非常了不起。这次已经够努力了，下次再继续挑战就是了。”

通过肯定对方的努力，有时还能够让他们产生积极的懊恼感，这就关系到下一章中将会介绍的沟通方法了。

第六章
应对三种奇葩的沟通方法

为了让沟通能够顺利地进行下去，维持双方之间的信赖关系并建立起一种能够朝着同一目标出发的合作关系。

何为安全的关系

目前所介绍的所有沟通技巧都有一个共同的大前提，那就是进行对话的双方在某种程度上建立了一种安全的关系。

为了让沟通能够顺利地进行下去，维持双方之间的信赖关系并建立起一种能够朝着同一目标出发的合作关系是我们所希望的。当达到上述目标之后，还可期待获得更加巨大的成果。

要想让沟通有效地发挥它的统合作用，不可让对话变成单方面的交谈而是要让其成为一种互动关系，这一点是非常重要的。这是因为，即使我们向对方提出了问题，如果对方完全不针对这些问题做出回答，只是一味地顾左右而言他的话，那么想要让沟通发挥有效作用，就会变得十分困难了。

然而，现实中的大多数情况却是，那些容易产生问题的人在人际交往过程中往往会感到焦虑不安，并且也不擅长同他人相互交流。

本章内容的主题，主要就是向大家介绍为了顺利应对此类案例，采取何种沟通方式才是最为有效的。

所谓的安全关系究竟是什么样的一种状态？以及为何在安全的关系中，沟通就能够更容易发挥出有效的作用呢？

移情与抵抗

精神分析疗法的创始人弗洛伊德的一项发现表明，在心理康复的过程中会出现移情这一现象。移情指的是当事人将小时候的自己对某个非常重要的人的情感和思念转移到了其他人的身上。当移情的主体为积极的情感时则为正移情，我们说的移情通常指的就是正移情。但是，有时候移情的主体也会是消极的情感（如嫌弃、排斥等），此时就将其称为负移情。如果产生了移情（正移情）的话，患者会将医生视为“好人”，对其就会感到亲切；反之，在发生了负移情的情况下，患者就会将医生视为“坏人”，并且在心理上会抵触他们。这两种移情现象都是当事人无意识的行为，其本人也不清楚为何自己会产生这样的情感。

虽然，弗洛伊德认为想要治愈神经官能就必须要经历移情这一过程，但他同时也发现这将会是一个阻碍。由于移情这一现象会让患者继续被那些曾经支配着他的情感所纠缠，这样一来，就会让他们产生想要逃避这些问题的想法，并且还会开始进行“抵抗”。

比如，在明明应该为解决问题而做出努力的关键时刻，有不少的女性患者却会无视这一紧要问题，而对自己的医生产生爱慕之情，最终导致自己心神不宁。这一问题不仅困扰着弗洛伊德，其后继者们也为之甚是烦恼。精神分析疗法主要是通过积极地将移情这一无意识的现象转换成某种具体意识的方式来试图去克服它的。但在另一方面，罗杰斯却认为在接纳对方这种移情现象的同时保持同理心的中立态度，对于维护双方之间的安全关系则是非常重要的。

然而，无论是学习了弗洛伊德的精神分析疗法，还是继承了罗杰斯理论的心理咨询方法，都时常会陷入这样一种麻烦境地。比如，有时在案例中无法与患者顺利地建立起安全的关系，有时在案例中最终以导致局面变得更加混乱而告终。如此，患者不仅会对他们的医生产生抵触情绪，还会激烈地抵抗治疗过程，而有的患者则会因产生移情而使情绪变得越发不稳定，令人烦恼的事情和挑衅的行为也会逐渐被激化。此外，其余大多数患者的情况则是，一旦他们的症状好转即将停止接受治疗，他们就会因担心病情的复发而反对停止治疗，这种情况并不少见。

不安全型依恋模式

在弗洛伊德死后十几年的19世纪60年代，出现了能够解决弗洛伊德及其后继者感到困扰的关键理论。那是比弗洛伊德所生活的时代晚了近半个世纪的年代，一位学习过弗洛伊德精神分析疗法的名为约翰·鲍比（1907—1990）的英国精神科医生最初确立了着眼于依恋这一现象的依恋理论。依恋指的是对某个特殊的人产生了某种特殊情结的现象。这一情结的起源一般可追溯至与其幼儿时期的养育者（通常是其母亲）的关系。

虽然鲍比的依恋理论是以母亲与孩子之间的关系为基础的，但其之后的研究结果也表明了，依恋情结的建立与否与当事人的其他人际关系也存有联系的这一现象。能够与自己的母亲建立起安全依恋纽带的人，之后在与其他重要的相关者进行交往的过程中也能够更好地建立起安全的依恋关系，并且其他的人际关系也可变得更加安全。幼年时期的依恋模式，如果在长大之后也依旧能够维持一定程度的稳定性的话，它就会成为一种依恋类型，从而固定下来。

如今，大多数人会通过 “依恋焦虑”和“依恋回避”这两个要素来理解依恋类型。也就是说，可将其分为以下四种类型，即无论是依恋焦虑还是依恋回避的程度都很低的“安全依恋型”、依恋焦虑的程度较高的“焦虑矛盾型”、依恋回避的程度较高的“焦虑回避型”以及无论是依恋焦虑还是依恋回避的程度都很高的“回避·矛盾型”。除安全依恋型之外的其他三种依恋类型都是不安全型依恋模式，一般认为，在成年人当中，大约有三分之一的人存在不安全的依恋类型。

此外，在表现出具有不安全型依恋模式特征的孩子当中，还出现了孩子试图通过威胁或是取悦他们的父母以及其他重要亲友的方式来控制他们，以求维护双方关系安全性的案例，我们将这一类案例称为“统制型”。有时候依恋模式会从统制型变成安全型，但有时候也会变成不安全型。

依据依恋特性进行对话

从依恋这一角度来看，弗洛伊德所研究的主要是依恋及其安全性。由此可知，移情原本就是基于依恋而产生的一种现象。无论对谁都难以产生依恋的焦虑回避型依恋模式的人，在发生移情时容易对他人产生不切实际的幻想，因而无法产生真实的恋爱情愫。依恋焦虑强烈且必须依赖他人的焦虑矛盾型依恋模式的人，一旦产生了移情，就会容易对对方产生恋爱情愫，因担心自己是否会被对方抛弃的不安全感也会越发强烈，从而成为不安全型依恋模式。他们甚至还会想要过度地占有对方，这样只会使事情变得更加糟糕。即便情况好不容易得到了好转，他们也会因担心一旦结束了治疗就再也见不到自己的医生，而重新回归到不安全型依恋模式的状态，这些都是由依恋焦虑所导致的。

具有不安全的依恋类型的人还会容易产生这样的问题，即使在一开始便认为对方是“好人”的情况下，如果因对方的说话方式受到了伤害或是发生了一些与预期不符的事情，他就会立即转变自己的思想，把对方看作“讨厌的人”。因此，维护双方之间安全的信赖关系是一件非常困难的事情，他们容易将他人对自己所说的“分析”和“解释”看作他人对自己的指责和攻击。其结果就是导致患者与医生的关系变得生疏。

也就是说，弗洛伊德的方法在应对某种程度上为安全依恋型的人时是有效的，但对于那些无论是依恋焦虑还是依恋回避的程度都很强烈的人来说，却容易遇到困难。

该情况也同样适用于罗杰斯的沟通方法以及日常的对话中。根据对方是安全依恋型人格，还是依恋回避或是依恋焦虑的程度都很强烈的人，维持与他们的友好信赖关系的困难度也是全然不同的。

在与他人进行沟通的时候，如果不事先弄清楚对方是哪一种依恋类型，不仅会难以同他建立起有意义的关系，之前的努力也会变成无用功，好意而为之的行为也可能会带来出乎意料的麻烦，最终结果就是对方极其厌烦我们。更何况，现如今依恋回避和依恋焦虑的程度均很强烈的人越来越多，所以，对于这一点的理解就显得更加重要了。

本章内容将主要介绍该如何依据对方的依恋特性采取相应的沟通方法。并且，在介绍具体的沟通方法之前，将首先介绍下从依恋这一角度来进行观察，沟通将会具有怎样的意义，以及想要让沟通变得更加有效的话又需要具备哪些必要的条件。

成为对方的安全基地

为了在母子之间培养安全的依恋模式，在以拥抱和哺乳等身体上的接触为媒介来建立联系的基础上，时刻关注自己的孩子，对孩子的表情、行为及声音等迅速地做出回应，并尽量满足他们的要求也是非常重要的。有一个绝妙的说法能够形容这一关系，那就是“安全基地”这个词。这是由鲍比的一位名为玛丽·爱因斯沃斯（1913—1999）的重要后继者最初使用并逐渐被广泛采用的。

可以说“安全基地”一词恰到好处地表达出了为了培养并维持安全的依恋模式需要哪些条件。

为了能够成为良好的安全基地，维护关系的安全性是非常重要的。此外，一旦对方向我们寻求帮助，立即做出回应也是十分必要的。只是，此时不可误解的是，所谓的安全基地并非是舒适的乐园。它是为了帮助孩子积蓄自立的力量的，虽然随着孩子们的成长，他们会相继离开这个安全基地，但是一旦遇到什么事情，他们又会回到这个安全基地来寻求依靠，在治愈他们虚弱的身体和受伤的心灵之外，还可以帮助他们去重新面对外面的世界。

如果自立的过程能够顺利完成的话，遇到任何麻烦他们都不会立即躲回自己的安全基地，而是会努力地在自己的内心构建另一个安全基地，从而就能够通过自己来支持自己了。并且，他们还会与其他新遇到的个体建立起信赖关系，并将该关系作为自己的一个安全基地，当再次遇到什么困难的时候，他们就可以向这个基地寻求帮助或是进行商讨了。由此可知，拥有安全基地的人还能够进一步去增加自己的安全基地的数量。

以此观点来重新审视沟通以及社会关系之后，我们大致可将沟通分为两大类：一类是与那些能够成为安全基地的个体所进行的沟通，另一类则是与安全基地没有关系的沟通。前者所进行的是以提供支持为目的的具有同理心的交谈，而后者则是围绕着利害、优劣、真伪等问题所进行的趋利避害的交谈。

可以说以上的分类方式与第一章中介绍的沟通的两大功能，即提高安全性的功能以及缓和矛盾的这一辩证法式功能是相对应的。只是，沟通如果能够顺利进行的话便能够克服矛盾，但是一旦失败则会激化并加深矛盾。

此外，根据上一章中所介绍的内容可知，矛盾是否强烈以及矛盾能否被克服，无外乎是受制于安全基地的沟通到底发挥了多大的作用。

如果沟通的最终目的是加深矛盾、打破对方固有思维，那就另当别论了。但若是为了克服矛盾和冲突、寻求解决问题而进行沟通的话，如果其对话不具备作为安全基地应有的要素，沟通就会难以进行下去。

良好安全基地需具备的五项条件

那么能够成为良好安全基地的对话，又或者是，其所表现出来的社会关系又是什么样的呢？为了能够建立良好的安全基地，我们在沟通的过程中需要注意哪些方面，具备哪些条件呢？为了回答这些问题，有必要再次重温一下所谓的安全基地到底为何物，这一问题非常重要，所以需再次做一下梳理。

成为良好安全基地的第一项条件为，保障双方关系的安全性来提高对方的安全感。

第二项条件为要具备能够感应对方之所感、之所求的感知能力。

第三项条件则是要具备能够对对方的行为做出反应的应答能力。做出应答的最好方法就是陪伴在对方的身边，即使不在对方的身边也希望能够让对方可随时联系到我们。此联系也并非说是即时的联系，重要的是要让对方清楚该如何做才能够联系得到我们。

应答能力中的“应答”一词含有多种意义，回应对方的要求是其中的一层含义。此外，对对方的表情和行为做出回应以及对对方的兴趣点及欣赏的事物表现出同理心也是它的含义。

缺乏应答能力的话，一般会给对方留下美中不足的印象，如果多次给对方留下这样的印象，就会让对方产生“有我们和没我们是没有差别”的想法。还有一个重要的点，所谓的应答能力指的是我们要根据对方的行为来做出回应，而不是由我们自发地做出回应。此时的主导权归根结蒂是属于对方本人的。

在做出应答的时候如果使用了错误的表达方式，单方面地鼓励对方的话，就会变得“令人厌烦”，从而也就无法成为对方的安全基地了。

正如之后回顾时所发现的那样，有些时候我们需要根据对方的类型和状况来保持高水平的感知能力和应答能力，有些时候则我们则需要稍微克制些。

第四项条件就是稳定性。这一条件同样是为了保护第一项条件中的安全感。如果经常更换可以作为安全基地的存在，改变我们所说的话或是一时兴起地转变我们的态度和方针，就无法让对方感到安心，从而和对方的关系会变得更加混乱。

第五项条件与之前介绍应答能力时的内容有所联系，就是要保障对方具有自主性。其最理想的状态就是，当对方想要离开安全基地的时候便能够离开，当他们想要回来的时候又能够回来。如果对方被安全基地所束缚，这种沟通就可能会成为一种负担。

无论是同何种类型的人进行接触，以上这几项条件在建立良好安全基地的过程中和具有一定意义在内的创造性对话中是非常重要的。

同时，想必大家也注意到了，此处所介绍的内容其实就是通过另一种方式来阐述了之前介绍过的内容。

希望大家能够根据这些要点来思考针对不同的依恋类型应该使用什么样的沟通方式。并且此时，我们首先需要明白与安全依恋型的人进行沟通是一种怎样的情况。

与安全依恋型人的对话

具有安全依恋类型的人希望沟通双方能够坦诚地进行对等的沟通，他们喜欢实质性的、具有创造力和生产力的对话。即使我们所说的话会稍微有点儿严厉或者不是很中听，他们也不会因过于敏感而感觉受到了伤害，甚至还会因我们明确地表达出必要的内容而尊重我们。而那些只会说好听的场面话以及无法进行严厉指责的人就会被他们看作缺乏趣味且稍有缺憾的人。

和这样的人沟通，即使是就一些比较难的晦涩话题进行谈论，他们也不会感情用事，而是能够冷静地进行交谈，并恰到好处地发表一些具有实质性内容的看法。可以认为相比于那些隐晦且模棱两可的说法方式，他们反倒更喜欢坦诚的说话态度。堂堂正正地从正面去回应对方的话题才是最好的沟通方式。

首先希望大家注意的一点是，与具有如此安全依恋型依恋模式之人进行的对话，同我们接下来将会看到的与具有不安全的依恋模式之人所进行的对话之间是存有非常大的差异的。因此，在此基础上，接下来将会介绍与具有不安全的依恋模式之人进行沟通时需要注意的要点。

想要更多了解关于依恋类型相关内容的读者，可以参照我的《依恋障碍 碍于自己孩童时代的人们》[1]（光文社新书）一书。

[1] 原书名为《爱着障害　子ども時代を引きずる人々》，国内还未有该书的译本，此为译者暂译。

焦虑矛盾型人格应对法

1. 不要刺激依恋的焦虑矛盾

依恋的焦虑矛盾程度比较强烈，经常担心自己是否会被对方拒绝或是自己能否被对方所接受，看他人的脸色行事，过分地迎合他人的依恋类型，被称为焦虑矛盾型人格。

具有此依恋类型的人大多数还未整理好自己同父母（养育者）之间的关系，产生的多为消极情绪，同时还会被这些情绪所束缚，所以也被称为“束缚型”。平时冷静且开朗的人，一旦谈论的话题涉及他的父母及出身，他们的语气立马就会变得沉重，人也会变得敏感起来。

具有该依恋类型的人，想要被他人承认的欲望会比较强烈，对于被拒以及被抛弃等事情会抱有过度的不安。

仅仅因为没有像平常那样去回复他们或是跟他们打招呼，此依恋类型的人就会陷入极度的不安以及极其厌烦的情绪当中。并且，即使是在开玩笑的情况下，也最好不要做出将会抛弃他们的神态，更不可以通过威胁要抛弃他们的方式来控制对方。这样的应对方式也许在当时会起到一定的作用，但因为此举在对方的脑海中埋下了一颗会被人抛弃的思想种子，就很可能会伤害到对方对我们的信赖，我们同对方的关系也会因此而变得生疏。他们甚至还会产生趁着还未被我们抛弃之前先主动抛弃我们的想法，以此导致他们最终做出令我们意想不到的背信行为。

“无论什么时候，我都会一直守护着你的。”

“假如遇到困难的话，尽管来找我商量便是了。”

自始至终表现出这样的姿态并采取实际行动去支持他们的话，就能够抚平他们依恋上的焦虑矛盾，并让他们的情绪变得稳定。

2. 不可满足于对方因配合做出的反应

对于焦虑矛盾型人格之人而言，最为重要的一点就是获得他人的认同。与具有此依恋类型的人进行交谈的时候，首先需要铭记在心的就是要认真地向对方传达“我很认同你的价值观和能力”这一信息。在当事人依旧处于焦虑矛盾感十分强烈的状态时，他们只会配合对方说一些好听的话，这就算不上是真正意义上的沟通了。

焦虑矛盾型的人对于他人的脸色变化非常敏感，他们中的大多数人在寻求对方予以回应的时候，只会为了不被对方否定或是疏远而采取补救式的应对方法。这是在恭维地配合对方，并非是发自内心的交谈，因此，很多时候他们会在背后说对方的坏话或是指责对方。由此可知，此依恋类型的人具有很强的两面性。

在与焦虑矛盾型人格之人进行沟通的时候，必须要了解的一点是，如果对方一直处于配合我们的状态是无法做到真正的沟通的。要想鼓励并打动此依恋类型的人，就需要让他们由衷地表达出自己内心的真实想法。因此，当对方所说的话与我们的预期不符的时候，我方的回复将会极大地影响能否打动对方。这是因为，焦虑矛盾型的人一般都会测试我们在这种情况下会做出什么样的反应。如果我们回复的是“怎么可以说出这样的话”或是“这么说是不对的”等来否定他们或是对他们进行说教，他们要不就封闭自己的外壳变得仅仅是在配合我们，要不就反过来把我们当作不相干的人继而开始莫名地讨厌，甚至排斥我们。

越是在这样的时候，就越需要我们使用“说得很好呢”“很有趣呢”“这是一个新的视角呢”等回复来积极地接受他们的观点。即使对方的想法是错误的，也要以欣赏他们的态度去询问对方是否有某种具体的看法，并以此来表现出我们能够大方接受他们任一观点的态度。

3. 指出问题点时需格外注意

在向具有焦虑矛盾型人格之人指出某个问题点，或是表达出与其不同意见的时候也需格外地注意。具有此依恋类型的人，一旦被他人指出了某个问题点，就容易将此理解为指责或攻击。如果其他人发表了与其相反的言论，他们便会认为自己遭到了他人的否定。当他们无法冷静地接受他人的观点、纠正自己的问题点的时候，就会产生仇恨情绪，有时会在背后说一些坏话，甚至还会钻牛角尖反过来攻击我们。

因此，就需要在指出问题点之前做好事先声明，“我这并不是在指责你，仅仅是指出你做事方式上的一些问题点，我是十分认同你的，所以请不要误会，请先听我说完。”

在指出某个问题点之前，至少要对对方的某一点做出积极评价，这样做就能够让对方相对愿意地去接受我们的观点了。

如果具有此依恋类型的人是掌握主导权的领导者，那情况会更麻烦一些。这是因为他们对于与自己观点不同的意见会感到强烈的不安，其结果就是他们可能会一概否认我们所指出的问题点，并且会将与他唱反调的人视为敌人。也就是说，他们会将我们阐述与其不同意见的这一行为理解为是在否定以及威胁他们存在的一种表现。作为一名领导者，他们容易表现出自己极度心胸狭窄的特性。如果忤逆了他们，他们就会向周围的人大肆传播我们的坏话，并试图借此来排挤我们。

与该依恋类型的人进行交谈的时候，最好要注意不要威胁到他们的安全感。即使是在表达不同意见的时候，也要在表达了我们对对方意见的尊重态度之后再阐述自己的意见。即便如此，对方还是不接受我方意见的话，就可以稍微地做些让步。这是因为，与其白费工夫地进一步威胁到对方的安全感，诱使对方做出敌对的行为，倒不如把时间和精力花费到其他的事情上。把话题转移到与对方的意见及兴趣点相一致的事情上也是一项好的对策。这是因为，当对方能够安心地与我们进行交谈、不再担心被我们否定时，沟通自然也就不会朝着攻击我们的方向发展了。

即使是开玩笑，也最好不要采用指责对方的说话方式。对只说过一次的事情可能会长久地怀恨在心，这一点也是焦虑矛盾型之人的一大特征。即使是在用委婉的方式来向他们进行说明，也希望大家切记不要过于得意忘形地说一些过分的俏皮话。与此依恋类型的人进行交往的过程中，往往会祸从口出。

4. 要动之以情而非晓之以理

具有焦虑矛盾型人格的人一般在情感上会有容易反应过激的倾向。一旦讨厌某个人或是某件事，就会一直讨厌到底。一旦被他们嫌弃了，想要转变印象就相当费工夫了。

即使想要通过讲道理的方式来说服对方也不太会有效果，有时候还会反过来遭到他们的严重排斥。相比于晓之以理，动之以情的做法能有更好的效果。因此，想要打动焦虑矛盾型之人的内心，相比于通过道理来说服他们，更重要的是要向他们的内心进行倾诉。为了能够向他们的内心进行倾诉，最有效的办法就是，传达我们自身的经历和体会。正确的道理说得再多，终究也只是在纸上谈兵，是无法真正影响具有此依恋类型之人的。如果交谈的内容没有涉及其自身曾有过的类似经历或类似体会等真实体验，就不具有说服力。

具有焦虑矛盾型人格的人会对那些能够进行自我揭示、阐述自身经历的人产生亲近感。反言之，对于那些无法进行自我揭示只会讲道理的人，就会抱有“即便如此，那又如何”的想法，并不为之所动。

但是，当维系的是一段比较疏远的关系时，就不可特意感性地去进行干涉，甚至还要极力回避自我揭示的行为，此时，只使用理性的语言来冷静地进行沟通才是更好的办法。是要去触动对方的内心还是直接略过这一步，所采用的沟通方式也是有所不同的。

焦虑回避型人格应对法

1. 永远都与他人保持距离的人

不喜欢亲密的人际关系，与他人保持必要范围的距离，并且会尽量避免与他人变得亲密的依恋类型被称为焦虑回避型人格。有的人虽然表面上看起来很认真、很温柔，看似能够迅速地熟络起来，但无论过了多久都无法缩短与其之间的距离，这种情况非常常见。如果话题是与工作或兴趣爱好相关的话，就能够很愉快地与其进行交谈，但一般不愿意谈及他自身私密，也不愿意谈及与他家庭或是过去经历相关的话题。

因此，此依恋类型的人一般不擅长撒娇或依赖他人，也极少会去主动地找别人商量事情。

如果向他们搭讪，他们虽然能够不太灵活地做出应答，但仅仅是因为我们这是在强迫他们去进行交流，他们有时会因此产生自己的隐私遭到了侵害的想法。并且，他们也不喜欢表达自己的情绪。与此依恋类型的人进行沟通的时候，最安全的做法就是就中立的事情或是他们感兴趣的事情来进行交谈。相比于勉强他们去做深入的沟通，还是使用不威胁他们安全感的接待方法为好，从长远的角度来看，这样做也有利于信赖关系的建立。

焦虑回避型的人总是喜欢千篇一律的应答方式，他们对于出乎意料的事情会感到困扰。只说同样一件事情会很无聊的观点并不适用于此依恋类型的人。只有一直说相同的话才能够让他们感到安心。

2. 接受对方的自说自话

焦虑回避型的人总体上都不擅长交流。即使是在交谈的过程中，他们也会因缺乏对对方感受的顾虑只就自己感兴趣的话题做交流。对于倾听的一方来说，也会容易产生自己只是在被迫地听对方喋喋不休地谈论其自身兴趣点的想法。如果对方说了一阵之后，我们试图插话，他们还会立马表现出不感兴趣的态度。

由于无法配合对方的话题来进行交谈，作为交谈的另一方是相当有压力的。然而，即便如此，对这种自说自话进行倾听也是非常重要的。在继续倾听对方自说自话的过程中，一些我们之前认为毫无关系的事情却意外地产生了联系，由此便传达出了重要的信息。如果把这作为对方特有的交谈风格去尊重，并表现出兴趣和同理心的话，就能够获得意外的收获。

关于此依恋类型的人，在接受他们只顾自我感受的对话过程中，经常会遇到对话朝着更加深入的方向发展的情况。很多时候，这正是在构筑亲密信赖关系之时会最先遇到的难关。

3. 共享自己的工作和兴趣

对于焦虑回避型的人来说，最重要的不是爱情和人际关系，而是工作和兴趣爱好。也就是说，要想与焦虑回避型的人维持稳定的人际关系，能够成为其生命线的就是要同他们拥有相同的兴趣爱好。

正如在第一章中便阐述过的，共享兴趣是所有的人际关系和沟通所要求的，在与焦虑回避型的人所建立的人际关系当中，这一点就更为重要了。反言之，即使在其他的方面没有任何的共通点，只要在兴趣和工作领域与其拥有相同的兴趣点，就可以成为在推进双方关系过程中的一个极大的优点。如果没有什么可共享的兴趣内容，却又需要加深与对方的关系，最起码需要具备能够“打入”对方兴趣领域的气魄。可以先请教对方，然后再逐渐熟悉他们的兴趣领域。总之，在这一方面与他们产生联系，在构筑安全的依恋模式的过程中便能够给我们带来突破性的发展。

从这层意义上来说，对焦虑回避型之人而言，能否遇到原本就与其拥有相同兴趣爱好的伴侣是一件可遇而不可求的事情。事实上，此依恋类型之中有着幸福家庭生活的人，原本就与他的伴侣有着一致的兴趣爱好。若非如此，则大部分情况是他们的伴侣成功地做到了向他们的兴趣点靠拢。

4. 克制情感、逐步接近

焦虑回避型的人总体上都会对强烈的情感表达感到不适，因此，最好要尽量控制过度表露情感的感性表现。通过表现出同理心和亲密度来过度地表达情感，又或者是纠缠对方的做法，都会因做得过头而导致对方加强对我们的戒备之心。

然而，这样的应对方法也有能够打开焦虑回避型之人心结的有用一面。并且，也出现过在与无法敞开心扉的孩子进行较量之后成功打开他们心结的案例。此外，还有通过亲肤育儿法以及其他丰富的感情表达方式来略带强硬地缩短双方之间的分歧，并以此反过来解除对方戒备心的方法。如果只是因为对方要与我们保持距离，便因此也同样与他们保持距离的话，那么无论等到何时，双方之间的距离都不会缩小的。

虽说如此，最安全的做法还是要切莫心急，要花时间逐步去缩小双方之间的距离。此方法同样有助于建立长久的人际关系。虽然有时会将此法理解为需要立即介入对方的警戒心中，但这样的话，可就不算一种尊重对方自主性的方法了。并且从长远的角度来看，在这样的关系中还容易产生其他的问题。

自恋型人格应对法

统制型依恋模式和自恋性

除了依恋的焦虑程度强烈而总是担心自己会被他人嫌弃的焦虑矛盾型以及与谁都无法变得亲密的焦虑回避型之外，还存在着一种与这两种依恋类型在性质上均有些许不同的依恋类型。此依恋类型主要体现在他会以支配和控制周围事物的形式来表现出自己的依恋方式，就是我们之前接触过的被称为“统制型”的依恋模式。此种类型的当事人会把自己作为“基准”或“法律”来掌控其周围的事物。

统制型的孩子在长大之后最容易表现出来的典型特征就是自恋型人格。自恋型人格的人会有过度的自信，将自己视为特殊的存在，并会期待整个世界都围绕着他来运转。当事物没有朝着他的预期方向发展时，他就会因自恋而感到愤怒，还会开始激烈地攻击那些阻碍他的人。虽然统制型的依恋模式还可能会发展成为除自恋型以外的人格类型，但多数情况下共通的一点为，当事人希望事物能够按照自己的意愿来进行，这种欲望会非常强烈，一旦这种预期被打破，他们就会感到极度挫败。也就是说，可以看出统制型的依恋类型在某种程度上会激发出略带扭曲的所谓控制的自恋型人格。

我们认为，统制型是对自己父母的依恋感到不安全的孩子在 4～6 岁会开始出现的一种依恋类型，这是由孩子们试图通过控制他们的父母来获得安全感的做法造成的。

在了解了依恋类型的基础上，可以认为同依恋焦虑和依恋回避这两个要素一样，已经变得越来越重要的第三个要素便是控制，这一要素尤其与自恋型这一人格特征有着密切的联系。

扭曲的自恋问题

扭曲的自恋性时常还会成为麻烦的源头，成为对人际关系的一种拷问。

要说病态的自恋性为何会成为一个问题，其原因在于这不仅关系到当事人自身，还会将其周围的人也牵扯进来，让他们也感到痛苦。虽然病态的自恋性具有诸多的方面，但其中最具危害的一个方面在于它对同理心的缺乏以及过度的支配欲。这就类似于强制他人在完全没有氧气的环境中工作，最终创造出来的会是一个十分恶劣的心理环境。并且，一旦事情没有按照他们的预期进行，他们就会感到十分不满，如果再加上对身边的人丝毫没有表现出一点关心，想必任谁都不会与其来往的。

然而，长久以来最为严重的事态却是有着此种自恋性问题的人群却在不断地增加。该如何与自恋型人格的人交往沟通已经成了一个非常重要的问题。

虽然没有那么极端，但是我们已经能够看到越来越多的具有自恋倾向的人，或许，可以认为现代人多多少少都会存在着某种程度上的自恋倾向。大多数人都会想要控制事物朝着自己预期的方向发展，并且相比于对他人表现出关心，他们可能会更关心自己的感受。

面对这样的状况，只是把自恋性看作一个问题，是无法顺利地解决它的。此时，反而需要我们转换视角去思考该如何让这些抱有自恋性问题的人发挥出他们的作用。

科胡特的自体心理学

以这样的视角来重新看待自恋性并致力于对自恋型人格障碍进行治疗的是精神分析医生海因兹·科胡特（1913—1981）。科胡特并不否定人类的这一自恋特性，而是将它看作能够让人类的存在和可能性收获美好成果的一项重要因素。有时因为自恋型人格的人自恋的发展程度还停滞于中间的状态，所以会需要再稍微去培养下他们的自恋。他根据自己在实际生活中的治疗经验，确立了能够顺利帮助自恋型人格的人的自恋变得成熟的有效方法。从他的这一方法中，我们也能够学习到重要的沟通技巧，但在那之前我想首先简单介绍下何为自恋型人格障碍。

自恋型人格障碍是以过度的自信和自尊心以及对他人的妄自尊大等缺乏同理心的态度为特征的一种状态，将自己视为特殊的存在，抱有不切实际的愿望，并期待能够得到周围人的特殊对待和赞赏。如果得不到他人的特殊对待或是赞赏，他们就会感到极度的愤怒和挫败。事实上，许多有能力的人以及成功者，在现实的人生中遇到不如意的时候都会陷入郁闷状态，或是通过控制那些与预期相符的事物来掩饰他们的不满。

即使没有完全符合上述特征，我们身边也有在某种程度上符合此种特征的人。如果善于与此依恋类型的人来往并能够出色地对他们予以支持的话，就可以让他们发挥出超乎寻常的能力和力量，并以此来促进他们的不断发展，同时还能够进一步维持好与一方的良好关系。但是，如果使用了错误的支持方式或者来往方式，非但不能让对方发挥出自己的能力，他们与对方的关系也会出现龃龉，从而导致悲惨的后果。本是出自好意却最终惹来对方的愤怒，使自己成了被攻击的对象，这种情况也曾发生过。

科胡特认为，自恋型人格障碍是由于当事人在幼年时期的自恋没有得到充分的满足，从而导致其在心理上陷入了一种患有结构性缺陷的状态。并且，自恋型人格障碍的典型特征行为将会体现在当事人认为理应去弥补这一心理缺陷的过程中，当能够打开对方的心扉与其进行对话的时候，他们的这一特征会非常明显地表现出来。科胡特认为这种与平常稍微有些不同的对话方式才是克服这一结构性缺陷的关键所在。为何如此？这是因为当事人在不知不觉中，就会尝试着去修复自己的这一缺陷。

科胡特的沟通之术不仅能够帮助该依恋类型的人重新恢复活力、充分发挥他们自身所具有的能力，他还为以下问题提供了一个答案，即在与他人进行交往的过程中，应该如何做才能够摒除骄傲自满且极富优越感的虚张声势的态度，而是能够以自然的状态去对待他人，并从内心去重视他人。

那么，科胡特所确立的沟通方法到底是怎样的一种方法呢？

1. 成为镜子的技巧

科胡特所关注的是患有自恋型人格障碍的人所表现出来的两种移情方式。所谓的移情正如我们之前所介绍过的那样，是将孩童时期的感情转移到了其他人的身上。科胡特发现自恋的平衡状态较差的此依恋类型的人会表现出他们特有的移情方式。

其中的一种特有移情方式被称为镜像移情，即在面对其他人的时候像是在照镜子一样。此时他们的关系就类似于这样的情景，白雪公主的继母会边照镜子边问镜子：“谁是世界上最美丽的女人？”如果镜子回答她“您是世界上最美的女人”，她就会感到非常满足。这是因为，此时的镜子是一面能够反映出她的自恋并给予她赞赏的镜子。在发生镜像移情的时候，当事人渴望自己的优点能够像照镜子那样地被映照出来，且绝不允许他人否定他们是最好的或是贬低他们。

通常情况下，如此镜像地与对方进行交谈会显得极其不自然。但这却是患有自恋型人格障碍之人的典型表现。即使在自恋型人格当中，镜像移情也被认为是那些依旧留有妄自尊大这一最年幼时期所遗留下来的自恋情结的人所具有的典型特征。科胡特的发现当中，十分有趣的一点是，他不仅承认会发生像照镜子似的镜像移情，同时还认同这样的镜像移情具有一定的意义，并试图去积极地利用它们。科胡特发现，通过镜像移情的发生，这种不成熟的妄自尊大能够满足当事人对赞赏的渴望，从而便能够促使他们结束自己的这种不成熟的自恋情结并逐步走向成熟。

2. 贯彻接纳与赞赏

可以将镜像移情称为镜子的技巧。即使对方所说的话在我们看来是一些自吹自擂的话，也不可以因为对方又在妄自尊大地尽说自己的事情而舍弃他们或是表现出厌烦的情绪。这么做的话，我们既无法成为一个好的倾听者，也无法成为一个好的支持者。

面对做出如此反应的你，对方不仅会失去交谈的兴趣，对你的信赖和好感度也会逐渐消失。这样一来就无法为此依恋类型的人提供我们的力量了，反之，还会削弱我们的力量。当此依恋类型的人感到从你这里已经得不到支持了，就会寻求其他方面的支持继而离开你，甚至还会与你产生冲突，无论哪一结果都会导致双方的关系逐渐疏远并开始走向破裂。

此时，面对这种具有不成熟自恋情结的人，倒不如向他们贯彻成为一面赞赏镜子的做法，映照出他们身上的优点并满足他们妄自尊大的愿望，这样反倒能够获得更佳的效果。

“哎……好棒啊。那么，为什么会这样呢？”最基本的做法就是在表现出钦佩之情的同时进一步去询问对方。

“那很棒呢，你果然是个天才（超人）啊。”

“你真的很出色啊，我还从未遇到过像你这么出色的人呢。”

用稍微夸张一点儿的语气就刚刚好。当对方认为自己的优点被你所认同的时候，想必他的脸上也会绽放出光芒吧。

此类型的人如果得到了他人的赞赏，就能够发挥出巨大的潜力。有时他们还能够利用那些映照出自身优点的镜子去完成创造性的成长。因此，为了获得成长就需要有一面能够积极地映照出他们的优点并给予他们支持的镜子。

唱反调或者是只表达自己认为的更好想法的做法是无法成为一面优秀的镜子的。这是因为，如此一来镜子就变成了是在自说自话，作为镜子它便成了一件残次品。我们需要给予对方必要的支持，不妨碍他们去进行自由的发散思维。并且，保持发自内心地对对方所说的话感到惊讶并加以赞赏，这一态度也是非常重要的。

3. 忍受理想化的重压

此外，患有自恋型人格障碍的人还会出现另外一种具有特征性的移情方式，那就是被称为理想化移情的一种现象，患者会将自己的心理治疗师逐渐地理想化，把他们当作十分了不起的人物，并对治疗师表现出可谓是已经过分的尊敬和崇拜。患者还会错以为治疗师能够帮助他们解决任何问题。

如果被他人如此地过度理想化，大部分人都会感到不舒服，都会想说类似于“我才不是什么厉害人物呢”“不要再高估我了”这样的话吧？然而，科胡特则认为应该接受当事人的这一理想化需求，并在某一程度上去满足他们的这一需求，这也是非常重要的。换言之，可以认为此理想化移情正反映出了当事人渴望拥有能够保护并引导自己的理想化父母的这一情感。

反过来，如果以打破当事人的理想化愿望的态度来对待他们，就会起到完全相反的作用，这样做只会再次重现他们过去所受到的伤害。此时，需要我们在面对他们的时候，能够感同身受地、耐心地去接纳他们，并让自己继续成为值得对方信赖和尊重的存在。

严厉地对待他们，一不小心就会变得感性，或是让对方看到人性的弱点，这些情况多多少少都会存在。虽然从逐步将理想变得现实化的这层意义上来看，这样做具有一定的好处，但是如果让对方突然体会到理想的幻灭或是我们试图去逃避被他们理想化的话，就会伤害到对方的理想化需求，从而我们就无法成为一名引导者了。为了能够成为一名引导者，就需要我们事先磨炼好自己能够承受理想化重压的能力。

产生了理想化移情的人已经不再处于妄自尊大的阶段，而是到达了一个稍微成熟的自恋阶段，即成了“对被理想化了的父母的无意识意象”这一阶段当中的群体。此类型的群体由于在父母那里体会过极度的失望或是认为自己的父母不值得被尊重，从而无法以理想化的父母的这一形式去满足自己的自恋。这一群体所需要的是，将那些能够作为自己父母替代品的人物进行理想化，将自己的自恋充分地投射到这些人身上，以此来体会自鸣得意的满足感。因此，当此类型的人发生了理想化移情的时候，不应该自谦地回避他们，而是要以指导者的姿态堂堂正正地接受他们对我们的理想化移情。

科胡特认为患者发生了理想化移情的这一现象表明他们恢复的希望很大，并且事实上这也是患者在逐步修复伤口过程中必会经历的一个阶段。

4. 自体客体与转变的内化作用

尽管如此，为何理解了镜像移情以及理想化移情的现象就能够有助于自恋的成熟呢？按照通常的沟通技巧来判断，这种稍微有些奇妙的对话方式很有可能不会被看作沟通形式的一种。那么，为何该沟通方法却是切实有效的呢？为了理解这一点，我们有必要再详细地了解下科胡特的理论。

科胡特前期的理论认识为，心理问题是由于心灵受到某种伤害造成的，这种心理伤害经常会被压制而难以上升到意识层面。科胡特认为对自身这种被压抑的心理伤害及情感的认识有利于改善心理问题。然而，在现实中很明确的一点却是，无论是出于何种原因，一旦心理上发生的扭曲十分严重，即便患者能够自我地意识到原因也无法纠正自己的心理问题。比如，面对患有人格障碍的患者，即使让对方意识到那些导致心理出现问题的心理创伤，也无法解决他们的人格障碍问题。这是因为，再如何去治愈他们的这些心理创伤，也无法帮助他们解决更深层面上的已经发生了严重扭曲的心理构造上的问题。那么，该如何做才能够纠正心理构造上的扭曲呢?

科胡特在继续进行摸索的过程中，最终得出了一种与传统的通过帮助患者自我地意识到心理创伤以及被压抑的情感来解决心理问题的精神分析疗法完全不同的心理治疗方法。该方法的精髓，一言以蔽之，就是为了能够纠正心理构造上的缺陷，需要重新进行一次获取这一欠缺部分的步骤。

为了重新获取这一欠缺的部分，即为了重新培育这一欠缺的部分，就必须明白该如何让自恋这一情结变得成熟。科胡特认为掌握着该问题答案的关键钥匙就在自体客体自身所具有的作用上。

所谓的自体客体，指的是既是其自体的同时，也是一种客体对象的某种存在。对于婴幼儿来说，其最初的自体客体就是乳房或是其母亲这样的存在。这些存在看似其自身的一部分，同时也是一种外在的客体。

科胡特认为，为了能够获得自律的心理构造，首先需要从自体客体那里获得足够的同理心反应。这一步骤在得以充分进行的过程中，孩子们就会逐渐将这些自体客体对自己所展示出来的同理心的态度以及理解方式接纳为自身的一部分。科胡特将这一过程称为“转变的内化作用”。

患有自恋性人格障碍的人，由于缺少来自自体客体的同理心反应，从而就无法使同理心的构造变发达。因为，为了能够纠正这一点，首先需要的是有一个能够给予同理心反应的自体客体。成为该自体客体的对象在持续进行同理心应答的过程中，最终会因这一同理心被对方所接受，而使得还未成熟的自恋获得了同理心的构造，并最终成功转变为成熟的自恋。能够让自体客体发挥这一作用的是治疗师以及那些在患者身边一直支持着他们的人。

在通常的对话当中，有些人会对被对方当作“自体客体”的这一事情有所抵触或是感到有负担，并且还会感到烦躁，或是拒绝这一行为，这也是没有办法的事情。然而，科胡特却发现，在想要对患者本人给予支持的情况下，成为自体客体这一行为反而成了一个重要且十分有效的方法。成为自体客体的方法就是发生镜像移情或者是理想化移情。成为一面赞赏的镜子，或者是变成像父母那样的庇护者，作为自体客体来有效地发挥自身的作用，弥补自恋上的欠缺，并促进它的成熟。

撒娇与同理心的重要性

虽然在“常识性”的理解当中一般容易这样认为，一旦成了对方的“自体客体”，就会变得过于宠溺对方，或是被对方利用去做一些对对方有利的事情，因此这样并不好。但是，如果没有一个能够成为“自体客体”的存在，是始终无法弥补其心理构造上的缺陷的。

所谓的自体客体其实就是一个能够接受我们自恋情结的存在。用更贴切的词汇来表达，就是一个能够让你撒娇的存在。为了消除那些由于没有得到他人的理解或是在他人面前无法撒娇而导致的自恋扭曲，就只能再重新进行这一步骤。通过理性分析使对方认识到他的方法是无济于事的。此时，需要的是一个在情感体验上能够与对方产生关联的步骤。只有“能够做出同理心反应的自体客体”才能够担负起这个任务。

如此一来，便可以看出所谓的自体客体其实与鲍比所说的“依恋客体”几乎是一样的内容。能够富有同理心地做出应答的自体客体，其实正是爱因斯沃斯所说的“安全基地”，也就是依恋客体。

可以认为，科胡特在继续沿用传统的精神分析疗法当中所使用的“自体”及“客体”等词的同时，使用了其他的表达方式来对相同的现象进行解释，并向我们展示了纠正依恋问题会导致的心理状态的可能性。关于依恋的损伤，鲍比的依恋理论几乎没有触及该损伤能否得到修复的这一点。从这层意义上来看，可以把科胡特的理论看作对鲍比理论的一个出乎意料的发展吧。同时，我们也可切身地感受到，科胡特的这种能够给予对方以富有同理心回应的自体客体就能够帮助对方修复自身心理缺陷的心理治疗策略，不仅适用于自恋型人格，同样也适用于那些当事人为不安全依恋类型的案例。

事实上，众所周知在科胡特所倡导的自体心理学当中，对话一直都是在非常轻松且富有同理心的氛围中所进行的。科胡特还曾用过“成为家人”这一表达方式来形容成为自体客体的这一行为。如果与对方的关系无法达到类似于家人一样的程度，想必也就无法弥补对方心理构造上的缺陷了吧?

成为导师：我们不应放弃的责任

再一次回顾作为科胡特自体心理学理论的一个重要支柱转变的内化作用，可以肯定地说这体现了人际关系当中最高尚的一个层面。

我们不仅要接受他人的给予，最终还需要将那些对我们进行过给予的他人接纳到我们自身中，让自己也变得像他们一样。

从那些对我们给予认同及肯定的人身上，不能只接受他们对我们的赞赏和自我肯定，还需要向他们学习能够对他人给予认同和肯定的方式。从那些能够对我们表现出同理心、像父母一样庇护我们的人身上，不能只接受他们所给予的安全感和保护，还需要将他们这份能够对他人表现出同理心、庇护弱小者的智慧继续传承下去。

尽管如此，接受他人对我们的理想化比成为镜子还需要更高一层的高超技能和努力。这不仅仅是技术层面上的问题，已经关乎人格魅力层面。接受他人对我们的理想化，便成了父母的替代品，即成了导师一样的存在。此时，对于当事人来说，这样的导师同时也是其自体客体的一个存在。

从古至今，成年人在积累了经验变得成熟之后，作为人生当中最后的一个重要角色就是要求能够成为一名导师。可以是要求成为学问技艺方面的导师，或是作为人生导师来指导后辈，而成为父母便是成了他们孩子的导师。成为导师的这件事情，无论是对对方的安定和成长，还是对我们自身的成长来说，都具有非常重大的意义。

可以说，现代的人们已经逐渐抛弃了作为导师理应具有的风范。如今被称为老师的总体已经变得略显卑微，只不过是某一方面的专家罢了。就如“上班族老师”这一叫法所表达的那样，即便是老师也会避免自己与人格有所联系，并且只做传授学生知识和技能的老师的人也不在少数。医生群体中也存在着同样的问题。

如今，能够真正称得上导师的人已经变得越来越少，这也成了自恋的成长停滞不前的一个原因，并加速了这种不成熟的自恋在社会上的泛滥。也许正是因此，才会有越来越多的人去追求能够成为导师的人吧。虽然，这可能会引发人们去狂热地信奉一些所谓的超凡能力的危险。但是，在身边人当中遇到可以作为人生导师去尊重的，对于自恋的成长来说原本就具有非常重大的意义。

对于那些从事与教育及孩子成长相关工作的人而言，接受理想化移情，并做出符合导师形象的行为，是对未来负责的一个表现。当然一直保持完美无缺的导师形象是不可能的，人们最终都会暴露出自己的缺点。但是，通过在足够长的一段时间内持续接受他人的理想化移情，就能够让自己现实中的包含着如此缺点和缺陷的导师形象也被他人所接受。当理想化移情逐渐沉淀为现实中的信赖以及依恋之后，人们便不再是一个需要他人支持的存在，而是能够作为一个独立自主的存在，在自己的人生道路上继续前行下去。

第七章
无法与奇葩语言沟通时的应对策略

面对那些只通过对话方式却无济于事的案例，一方面与其行为进行对话，另一方面与围绕在当事人周围的心理社会环境进行对话的方式就显得越为重要。

实在聊不下去时需要与行为和环境对话

目前为止所介绍过的沟通方法，都是通过对话这一沟通行为来促使对方发生变化。主要是尽量尊重当事人的自主性，继而谋求对问题的解决，纠正其自身的偏见，并引导对方产生积极向上的意愿。又或者是，通过让对方自我地意识到问题的所在来改变对方的行为和认知，通过给予对方富有同理心的应答来促进对方心理构造的成熟。

然而，此类沟通方法有时候也无法获得令人满意的变化，其原因大致上可分为两种情况：一种情况是以当事人自身的问题为原因的情况，这些案例中的当事人普遍缺乏语言表达能力以及事件回顾能力，情绪极其不稳定，极度缺乏灵活性，对于做出改变这一行为具有强烈的抵触情绪。

另一种情况则是，问题不在于当事人本身，而是因为当事人与周围的关系陷入了一个恶性循环。此种情况下，即使当事人想要做出改变，他周围的人也会对此做出一些阻挠的行为，这样一来好不容易做出的一些改变也会消失不见。

在上述的这两种情况下，即使试图通过对话来促进对方发生变化，也是无法顺利进行下去的。并且，在后一种情况下，出现过很多虽然当事人本身想要做出改变，但周围的人却极力阻碍他去做出改变的案例。

前一种情况下，不仅需要进行对话，还需要进行语言及行为之间的沟通；后一种情况下，则需要与那些对当事人提供支持的周围的环境进行对话。正如先前所阐述的那样，问题与原因的所在并非一定是相一致的。即使那个人表现出了一些问题，问题的所在也不一定是在本人身上。虽然，改变当事人的理解方式以及行为也是非常重要的，但这样的做法是有局限性的。只是稍微改变了环境，问题便得到了顺利解决的案例也并不少见。有时候相比于与当事人进行百余次的对话，倒不如与其家人进行一次沟通，那样能够更有效地解决问题。

本书的第一章开头部分便向大家介绍过罗杰斯最初在儿童虐待防止协会工作过。在此特别值得一提的是，在罗杰斯开始工作后的第十一个年头公开出版的一本著作《问题儿童的治疗》当中，罗杰斯提出了相比于心理治疗方法更应该将主要精力放到对当事人周围环境的调整上。该书三分之二的篇幅都在讲述他的这一观点，由此更可认为改变当事人周围环境的做法实则具有相当重大的意义。

不过，此处将与行为的对话以及与周围支持环境的对话放在一起介绍是有原因的，其原因在于这两者经常是相辅相成的。

越是在缺乏语言表达能力以及认知处理能力的案例当中，当事人的问题就会越容易地通过某些行为表现出来，此时相比于当事人本身的问题，更多地反映出的是当事人周围环境的问题。

面对那些只通过对话方式却无济于事的案例，一方面与其行为进行对话，另一方面与围绕在当事人周围的心理社会环境进行对话的方式就显得越为重要。也就是说，通过让那些围绕在当事人周围的人也掌握与其行为进行对话的方法，能够更加有效地解决问题。

虽然在此由于篇幅的限制不能够深入地详述这一点，但还是希望把与行为进行对话的方法作为最重要的一点来介绍给大家。

设定规则和界限

在试图与环境进行对话并想要控制环境的情况下，首先需要做的是确定好必要的规则。要尽量用简单明了的规则来说明，为何、如何以及采取何种步骤来进行。为了能够帮助到对方，其前提条件就是需要让其他人也遵守这些规则，如果不弄清楚这一部分，越是面对比较棘手的案例，情况就会变得越糟糕，而且还会导致无法培养出能够控制环境的能力。

即使是在处理那些对周围环境带来困扰或造成危害的行为时，也需要以事先说好目的的方式来获得对方的理解，并以此为前提。比如在规定的房间内度过有限的时间等，来对对方的行为进行一定的行为限制，又或者是，为了能够控制对方某些常有的嗜好行为，可根据状况来寻求警察的保护或是暂时让对方住院等。诸如以上各类的事，先以明确的形式来进行约定的做法是非常重要的。

客观记录行为

在与行为进行对话的过程中最重要的一点是，首先要将对方如实记录的行为进行客观化。要将对周围环境感性的评价以及感叹等反应与其本人的行为自身明确地区分开，并且都需要将这两部分的内容记录下来。

无论是在让对方进行自我阐述的时候还是在听取第三方评价的时候，进行记录都是非常重要的。为何如此？这是因为，如果仅凭记忆，对方很有可能会被自己先入为主的观念所误导，而一味地强调坏的方面，或者是只告诉我们好的方面。此时，如果能够由对方自己来做记录的话就再好不过了。能够持续进行记录的人最终一定能够变得更好。明明有能力却无法做到这一点的话，事情的进展反倒会变得越发地缓慢。告知对方这一点并指导对方来进行记录，能够帮助对方与自己的行为进行对话。

当对方本人无法进行记录的时候，也可以让其家人来帮助做记录。

此举的目的在于，通过诸如此类的进行记录的方式，来让对方进一步地回顾自身的行为，在对方能够更加详细地阐述当时的状况和心境并对自身进行回顾的同时，说出他们自己意识到的事情。如果能够以恰当的方式来进行该举措，只需如此反复便能够有效地减少大部分案例中的问题行为。

决定行为表现的三个要素

行为分析以及行为疗法当中，将行为理解为是由先行条件→行为→结果（报酬）这三个要素组成的。行为是否顺利不仅是其行为自身的问题，同时还会受到先行条件以及报酬这两个方面的影响。

先行条件包含，譬如何时、何地、何人、如何等的状况性因素，还包含譬如当事人应该采取什么样的行动以及是否知道我们所预想的结果等认知性因素。与其行为自身有关系的是，对方并不具备与该行为相适应的技术，或者是其恶劣的行为已经习惯化了。此外，第三项由结果所带来的满足感和报酬的多少也会成为问题的所在。

如果理应出现的行为最终没有顺利进行，或者是看到对方做出一些令人不满的行为，可以认为必定是这三个因素的某一项出现了问题。

当作为先行条件的状况性因素出现问题时，就可能会成为诱使对方做出恶劣行为的导火索（成为起因）。关于该问题会在下一节内容中做详细介绍；当认知性因素出现问题的时候，则需要尽量浅显易懂地向对方告知此时应该采取什么行动以及能够获得什么样的结果。所采取的方法一般是告知对方采取行动的具体规则和方法，并且要事先确定好报酬和惩罚。

当明明知道应该做什么却无法做到的时候，极有可能是因为对方不具备采取该行动的技能。此时，就需要训练对方去具备该项技能。首先，要向对方进行演示（进行行为的建模），从让对方来模仿我们的做法开始，来让对方去练习如何在反复进行模仿的过程中更加顺利地建立起良好的行为模式。

如果对方具备该项技能却不采取行动，或者是出现问题行为的话，则是因为先行条件或者是报酬等因素出现了问题。关于报酬这一点，则可认为是出现了以下几种状况：对方做出令人满意的行为时没有得到足够的报酬，或者是获得的报酬并不是很明确，或者是由于目标太高导致无论如何努力都无法获得报酬，或者是做出令人不满的行为之后反倒获得了更高报酬等。并且，有时候由于无视了对方的自主性，强迫对方去做一些其并不愿意的事情的话，还会出现周围人所认为的报酬与其本人想要的报酬不一致的情况。

面对此类情况，把对方的努力目标降低到可达成的水平，并当看到对方做出一些令人满意的行为就更加积极地进行褒奖的做法是非常有效的。当对方的自主性意愿受到损害的时候，就需要回到原点去思考对方本人真正想要做的是什么这一问题。

清除问题行为的导火索更重要

之前在介绍能够影响认知的沟通方法之时已经阐述过，不良的认知模式一般都会表现在一些特定的状况中。这一现象也同样适用于作为认知结果的行为当中。这是因为作为起因的一些刺激因素大体上都是共通的。

通过对自身行为进行记录，来观察所谓的问题行为到底是在一种怎样的状况下出现的话，那些作为起因的刺激因素即导火索，就会浮现出来。相比于去纠正那些不良行为，消除这些导火索反而会容易得多。

对于当事人自身而言，应该会存在一些导致其感到压力的状况以及在感情上对他们造成刺激的情况。比如，疲劳、睡眠不足等身体上的状况，无法理解上课内容或是一直隐忍一些不愉快的事情，被迫去做一些违背自身意愿以及不合时宜的事情，遭到他人的突然攻击，自己的行为被他人否定以及感觉遭到排挤等状况都会逐渐浮现出来。

如果弄清了这些会成为导火索的状况，就需要尽量以明确的形式向当事人以及其身边的人告知这一状况。

“……的这一状况成为导火索之后，你就会容易变得……是吧？”

在向周围的人传达需要尽量避开这些可能会成为导火索的状况的同时，还需要让对方主动地说出面对这样的状况应该如何应对才好。

作为该方法，可以向对方抛出这样的问题：

“在这个时候，该如何做才能够让事情顺利地进行下去呢？”

“在这种情况下，你认为该如何处理才好呢？”

以此来让对方自身去思考解决问题的方法。

当对方完全不知道该如何做才好的时候，就要向其提示一些例子和示范：“这个方法如何呢？”

并且可以实际地进行下角色扮演，来一同预演下当时的场景。

近年来，在沟通的过程中与对方进行角色扮演的方式已经逐渐成为一项平常的沟通技巧。事实上，如果无法向对方进行示范，也就无法要求对方做出某些改变了。

一直重复这样的练习，并且每次都向对方提出这样的疑问：“如果出现这种状况，应该如何做才好呢？”以此来寻求应对的方法。循序渐进地向对方呈现那些难度越来越高的状况，并让对方自身去回答出应对这些状况的处理方法。这种进行预演的训练，在逐渐完成应对不备之时的方法路线，并提高其对自身行为的控制力方面是非常有效的。此外，在实际的场合下也能够顺利处理这些状况时，通过对对方的处理能力进行褒奖的方式则能够进一步强化他们的这一变化，并使该变化逐渐固定下来。

强化良好的行为

在与行为进行沟通的过程中还有一个比较重要的点，不可将关注点放在对方那些所谓的“问题行为”以及“不良行为”上。反之，要关注他们的“良好行为”，对他们给予肯定的评价，要赞赏他们“很努力啊”“做得很棒嘛”等。如果反其道而行之的话，非但不能够让情况好转，反而会让事态朝着更坏的方向发展。之所以这么说是因为，相对于鼓励对方去增加自己的良好行为，减少对方不良行为的做法，不仅难以得到效果，而且还容易带来不利的影响。

比如，假设有个比较调皮的孩子在学校做恶作剧的时候被老师严厉地批评了。被批评之后，这个孩子非但不会减少自己的恶作剧行为，由于之前所介绍过的两价性矛盾原理，他反而会变得越发地抗拒，甚至会加剧自己的恶作剧行为。不仅如此，作为批评这一行为的反向强化作用，不仅不会对孩子的恶作剧行为产生抑制效果，反而有可能会作用到其他的事情上。由于在上课的过程中遭到了老师的批评，可能会产生孩子变得厌学等负面连锁反应。

针对这一点，通过褒奖的方式来对对方的良好行为进行强化，不仅能够更快地强化对方的这一行为，而且还不会出现相反的副作用，这些正面的连锁反应还可以进一步地影响其他方面。也就是说，被褒奖之后，孩子的自信会高涨，也就会变得喜欢自己的学校和老师了。并且，他的积极性也会得到进一步的提高。

因此，即使在对对方的行为进行记录及评价的时候，相比于只攫取那些坏的结果将其视为问题所在的做法，发现对方身上的亮点并进行褒奖的做法，则能够更加有效地改善对方的行为。为此，焦点解决短期疗法当中也提到了，关注那些例外情况是非常重要的，即便在 95% 都不好的情况下，只要有 5% 的情况是好的，也要将目光投注到这 5% 上，并褒奖他们的这一例外的良好行为。

即使在面对身边那些无论如何都只会关注不好之处的人时，也要努力让他们把注意力转移到那些良好的行为上。

“他已经做得很好了呢！”

“这对于他本人来说已经非常好了呢，相比于那些他暂时无法做到的事情，请好好地评价下他们的这些优点吧。”

虽然上述的这些说法也是可取的，但只这么说的话，可能会让周围的人误会我们这是在批评他们。因此，还有必要去照顾下周围人的情绪。

“你能够发现这些好的地方，证明你在好好地支持他，接下来也请继续按照这样的方式来支持他吧。”

冷静对待武断性的报酬与问题行为

自残或是给周围人造成困扰的问题行为，明明只会给人带来痛苦回忆或是被他人训斥（惩罚），但依旧会有不少的人在无限制地重复着这些行为。为此，很多人都会感到无法理解。然而，在现实生活中并没有人会一直重复那些无法获得报酬（满足感和快感）的行为。虽然事实上是存在比惩罚更好的报酬的，但大多数情况下，周围的人会在没有意识到这一点的情况下，继续给予此类报酬。

通常情况下，作为一种难以理解的具有武断性的报酬，经常助长问题行为的是我们的关注点以及兴趣点。平时都不太会去关注的孩子（或大人），只要他们做出了什么不良行为，在周围人当中就会引起大骚乱。一旦他们尝到了这样的快感，在不知不觉中就会反复进行这样的行为。只在对方做出自残行为或是危险行为之后，周围的人才会感到惊慌或是才会忙着去迎合他们的这种做法只会加速这一恶性循环。

因此，我们更希望大家能够控制自己的关注点和兴趣点，冷静地看待这些问题。并且，还须注意的是，要对他们那些越发平凡的日常努力以及令人满意的行为表现出我们积极肯定的兴趣及反应等。然而，大多数人的行为模式却是，他们会反其道而行，在变得冷静并且兴趣也逐渐变淡的时候，又会出现问题行为。

有时候，那些被视为问题的事情本身也可以成为一种报酬。反抗、不良行为、自残以及暴饮暴食等都会引起这样的恶性循环。越是将他们的这些行为视为一种问题，他们就会越发炫耀式地重复这些行为。在这种场合下，不应该将其视为问题，而是要按照之前所介绍的认可策略那样，去接受他们的这一行为，并着眼于他们行为当中积极的一面，这样的应对方法才能够防止恶性循环的发生。只是，当这些令人感到不悦的行为超过一定限度的时候，就需要中止这种对他们的行为予以理解的应对方式，通过行为限制等去进行反向的强化。此时，也不可感性地指责对方，而是需要冷静地对待他们。

还有另外一种具有武断性的报酬，就是通过刺激自己所获得的快感，即通过不断重复自己的某种嗜好所获得的满足感。从某种意义上来说，这种情况更加难以应付。为了应对这种状况，每当对方做出这种行为的时候，就需要一面去反向强化他们的这一行为，一面采取其他可替代的行为，来让对方获得更加强烈的满足感。

一方面，作为反向强化的方法，在特定的场合让对方在一定的时间内冷静下来，全力去支持对方以及在确认了规则的基础上附加一定的行为限制等做法，都是非常有效的。另一方面，如果对方的问题行为有所减少就要放宽对他们行为的限制，并增加对他们的爱好以及自身所表现出的兴趣。如果自始至终都坚持采用这样的应对方法，将会获得相当有效的成果。与此同时，为了获得报酬，参加诸如体育比赛、表演、园艺、烹饪、作业、团体活动及学习等这些需要相应努力的活动，去体会那些仅凭冲动性的自我刺激行为所无法获得的成就感和共鸣感，这一真正意义上的报酬，则能够带来更加长期的恢复。

指示行为

在与行为进行沟通的过程中还有一个有效的方法就是，指示对方去进行某一行为。虽说，如果指示对方去做一些他无法做到的行为，不仅执行起来非常困难，而且是毫无意义的，但是，如果是对方完全能够做到的事，该指示方法就能够起到非常有效的促进作用。

倾听和共鸣的部分能够相同的话那就更好了。只是，在最后向对方做出具体的指示时，即指示对方“请这样做”，还会涉及对方的家人。

对对方的行为做出指示具有多种意义，其中很重要的一项意义在于，通过对行为做出指示的方式可以更容易地促使对方发生某种变化。即便是在那些仅凭通常的沟通方式难以引起变化的案例当中，通过改变设定及行为模式的方式，则能够更快地促使变化的发生。

此外，有时还可以通过邀请对方一起进行某项行为来诱使他们采取实际的行动。从仅在语言上进行沟通的这一框架跨越出来，并进一步转移到一起采取实际行动的这一沟通方式中。有时候，还可以以玩耍或某一表现行为为媒介来对对方的行为进行指示。

虽然该方法与通常的仅通过语言来进行沟通的方法在一般概念上多多少少有些不同，但经常使用该方法，还能够反过来进一步加深在语言上的沟通。指示方式得当的话，就能够促使对方发生十分巨大的变化。

那么，该如何对行为进行指示才能够引起对方发生变化呢？接下来让我们一起来了解一下吧。

用行为减轻焦虑情绪

想必很多人都会有这样的经历，一旦兴奋，就会在房间内毫无意义地来回走动；也有人会在睡觉之前多次确认枕头的位置和自己睡觉的位置；还有的人会在上课的过程中不断地转笔或者是一边听课一边抖腿。虽然这些行为一旦自己意识到了就会停止去做，但是在极度紧张和焦虑的状态下，这种情况会加剧，如果不这样做，就会不由得无法平静下来。

从这些事例可看出，刻板、僵硬的行为具有减轻当事人焦虑和紧张情绪的效果。在行为疗法当中经常会使用到的所谓“行为处方”就是对于该方法的应用。取代药物处方，而是向对方做出进行某行为的指示。

将焦虑和紧张情绪高涨→僵硬的行为模式的这一流程反过来进行，即事先指示对方去做出一些僵硬的行为，或者是，当对方焦虑情绪高涨的时候，指示他们去做某项已经固定的行为。

极端地说，什么行为都可以，其关键在于一定要是某种刻板僵硬的行为。比如，当感到十分焦虑的时候，可以指示对方做一些在医学上来说也是十分妥当的行为，“把手放在肚子上，并用肚子缓慢地呼吸”。又或者可以指示对方去做一些比较仪式化的行为，“敲三回墙壁然后跟自己说没关系的，并不断重复这一动作”。越是看似荒唐滑稽的仪式性指示，越能发挥作用。重要的是，要遵循通过重复这些简单的动作能够减轻焦虑情绪的这一原理，而且，如果事先准备好应对行为，则能够进一步强化减轻焦虑情绪的效果。

在做出指示的时候，需要坚信不疑地明确表达出我们的意思。这是因为对方对该指示有效性的信赖程度将会影响该方法的最终效果。

当对方困扰于自身身心疾病的时候，相比于去纠正他们的思维模式，反过来对他们的行为进行指示更有效。比如每隔一个小时提醒对方可以稍微停下手头的工作去休息室休息一下或是做一下轻松的体操，在休息日则可以建议他们去健身房锻炼或是去练习高尔夫球等，这些都可以达到比药物治疗还要有效的疗效。

指示劝告语言

能够对对方做出指示的行为当中，除了身体行动方面的行为，还包含其头脑当中的行为。可以指示对方，“……的时候，请……这样想”或者是“……的时候，请……这样劝说他”。这些都是可以获得意外效果的好方法。只是，对于做出指示的方式需要下点儿功夫。这是因为，我们不仅需要采用简单明了的语言去表达自己的意思，还需要抓住其中的重点。

比如，当面对一个容易陷入“被害者意识”的人时，就要这样来对他们做出具体的指示，“当对方感到只有自己遭到了他人排挤时，请劝告他其实因为他自身一直以来的恶习，才导致与他人之间产生了隔阂的”。如果能够事先做出指示，告知对方这一“劝告”行为的话，这将成为一种十分有效的应对方式。

重复此种劝告的方式，在实际生活中还可纠正他们自身在认知上所存在的偏差。

对于那些对他人的脸色和目光都很敏感的人，这样说也是可行的：“请劝告他，其实我们并没有像我们所想象的那样在意他人。”

对于容易陷入极端认知的人，这样的方法才是有效的：“请劝告他们不要只想着零或者一百，而是要把目标定在五十。”

对于那些情绪容易激动的人，则可以这样跟他们说：“请劝告他们，在情绪突然激动到完全失去自我的时候，不应该想着去战胜他人，而是应该去努力地战胜自己。”

高段位技巧：反语沟通法

像这些经常在沟通过程中会使用到的方法，有一种被称为反语的沟通技巧。这与前面章节中所介绍的人类所具有的两价性矛盾原理相背离，通过做出与意图相反的指示来引导对方进行相反的行为，结果反而可以让对方的行为朝着我们希望的方向发展。

譬如，面对一个认为工作十分痛苦已经表现出辞职征兆的人，如果劝说他们“辞职的话是不行的”，反而会加剧他们想要辞职的心情。但如果对他们说，“如果感到厌烦的话，辞职就好了”或者“什么时候辞职都可以哦”，对于辞职的惋惜之情以及想要继续工作下去的心情反倒会得到强化，意外的情况是，他们有可能长久地工作下去。

如果将此法通过更加精致的方式来加以利用的话，则可以运用到各种各样的场合中。想要抑制对方某一行为的话，就要越发频繁地过度地指示他们去进行这一行为，而想要促使其进行某一行为，则要在语言上一概不涉及与该行为相关的内容。

某个患有强迫症的女性，由于担心没有卫生纸可用，于是便养成了囤卫生纸的强迫症习惯，还会经常和自己的治疗师发生争吵。治疗师越是限制她使用卫生纸的数量，她便会越发没完没了地偷偷囤卫生纸。于是乎，治疗师便改变了应对策略，开始给这位女性比她要求还多的卫生纸，当她囤积了大量的卫生纸后，突然对这件事情失去了兴趣，连她自己也开始说并不需要这么多卫生纸了。

某个女高中生，一点都不关心学习，只热衷于追星。虽然她的母亲为此感到十分苦恼，但是再怎么劝她学习也无济于事。某一天，这位母亲收到了女儿从学校发来的拜托她去帮忙买偶像最新 CD 的短信。一个小时之后，女儿又发来短信询问母亲是否已经帮忙买了。于是，彻底生气了的母亲便以强硬的态度对刚从学校回来的女儿说道："不用再学习了，干脆从学校退学吧。"女儿这才边哭边向自己的母亲道歉，从此便开始认真地学习了。

虽然并不推荐这样的方法，但是这位母亲的发怒最终成了一种反语沟通法，促使她女儿的行为发生了变化。

可以说，该沟通技巧对于那些两价性矛盾强烈的人来说尤为有效。"不愿意做的话就干脆不要做好了"或者"如果感到嫌弃的话就干脆停止算了"等这些过去经常使用的说话方式，虽然也可以认为这是某种利用了两价性矛盾原理的反语沟通法，但由于这种说话方式的意图显然是与我们实际上所希望的是相反的，所以它的效果会有所削弱。

如何鼓励和劝阻家人

反语沟通法经常在鼓励家人的场合下能够使用得到。不将他们的问题行为看作一种问题，反而将其视为有用的事情，以此来实现价值的逆转。

曾经在非洲所采用的一种民间疗法就是，一旦某个人的精神变得极度焦虑的话，便在一定的时间内将他作为大家的王来对待他，周围的人无论是谁都对他的话言听计从。这样做之后，大部分的人在一周之后便能够完全康复。

在家庭疗法等心理治疗方法当中会将这种方法稍微转变下形式后再去使用它。

F小姐一直因自己的暴饮暴食症而感到烦恼。其母亲由于实在不忍看到自己的女儿因暴饮暴食而不断呕吐的样子，于是便来向心理治疗师寻求帮助。心理治疗师提议进行家庭面谈，并分别与F小姐、其父母以及弟弟进行了交谈。在心理治疗师倾听了F小姐以及其家人的话之后，进行了这样的阐述，F小姐的“暴饮暴食”症状对于维系家人之间的纽带是有必要的，这能够起到让已经产生了分歧变得分崩离析的家庭再次团结到一起的作用。因此，他得出了这样的结论，由于F小姐的暴饮暴食症在维系家人纽带方面起到了相当重要的作用，因此不需要做出任何的改变。

虽然一家人对于这完全出乎意料的结论感到十分困惑，但他们也无法反驳心理治疗师所指出的一点：“像现在这样，大家聚集到一起来进行共同讨论，不就正好证明了它的必要性吗？”这是因为，确实在出现该问题之前，大家都只管说自己的问题和牢骚，都已经感觉到家庭的分崩离析了。这样一来，在让她的家人第一次开始理解F小姐的症状不仅仅是她个人的问题，而是整个家庭的问题，F小姐只是一个“牺牲者”的同时，当听到心理治疗师说这样便好之后，反倒萌生出了想要改变现状的动机。为了改变现状，所有的家人都需要做出改变的这一事实也已明确。于是，家里的每个成员便会开始认真地思考自己应该如何做才好。

即使是面对自残、拒绝去学校以及家庭内暴力等“问题行为”，也要着眼于它们应该能够起到某种有效作用的这一点上，不是去催促对方停止这一“问题行为”，而是要认为该行为也是具有某种意义的，因此需要去接受它，并以此来展开对话。可以认为这是先前所提到过的进行认知重建的一种形式。

同时，也可认为，这是一种能够巧妙应对之前已经介绍过的两价性矛盾问题的方法。越是把对方的某一行为视为一种“问题”来试图去阻止他们的这一行为，由于两价性矛盾原理的存在，就越可能会加强对方对该行为的纠结情绪，从而导致“问题行为”的进一步加剧。但是，如果对他们行为的“意义”加以肯定，相比于改变他们的行为，接受他们的这一现状会让他们纠结于自己的问题行为的紧迫感得以减弱，他们会察觉到在继续维持现状的过程中自己一直并未意识到的违和感。由此，他们想要做出改变的心情以及行动力便可得到进一步的加强。

让关键人物成为自己的伙伴

当认定是某人的问题的时候，多数情况下经常能够反映出与其有关系的家庭以及组织上所发生的问题。当孩子出现问题的时候，经常是因为他在与家人或是学校的朋友的关系上发生了某种问题，公司职员在得了抑郁症的时候，多数也是因为在公司的体制上或是在与上司的相处当中出现了问题。在这种情况下，如果将当事人与其周围环境隔离开来去试图改善现状的话，无论如何努力都会有一定的界限的。因此，就需要促使其自身所生活的环境也发生相应的变化。

此时的要点在于，要明确谁才是能够恰当地处理当事人所处环境的关键人物，并且其重点在于去鼓动这些掌握着钥匙的关键人物。但是，如果对这些关键人物进行指责或是说教的话，则会造成完全相反的后果。这也是由于两价性矛盾原理在其中发生了作用。

哪怕该关键人物是最大原因的所在，让其成为自己伙伴的做法也是极其重要的。此时就要求我们能够使用前面章节所介绍过的方法，来构筑和睦的协作关系。只要采取了对该关键人物给予期望并向他们寻求帮助的方式，就能够得到他们的积极回应，应对的方法也会自然而然地发生变化。

在促进对方发生变化之际，虽然首先最重要的是改变对其本人的否定态度，但同时提出具体应对方法的做法也是很有用的。这是因为，即使该关键人物产生了想要去支持当事人的想法，但大多数情况下却是不清楚该如何做才好的。根据目前所介绍过的各种沟通方法来向他们做出具体的指示是此举的关键所在。

小步骤促成大改变

对作为应对方法的某一行为做出指示的方法还可以用于促使更加积极的变化当中。

当处于胶着状态导致变化难以发生的时候，通过改变生活中的某些细微部分来打破之前的平衡状态，反倒最终能够促使更加巨大变化的产生，这种情况并不少见。这是通过对那些能够成为促使变化发生契机的细微变化做出指示或提议来实现的。

从某种意义上来说，被周围最为期望的目标是最难以发生变化的。在试图完成让拒绝去学校的孩子再次回到课堂、让一直宅在家中的年轻人再次开始找工作、让反复割腕的女子不再自残等目标的时候，如果想要一步登天地解决问题的话，反而可能会让我们离目标越来越远。

面对这些情况，就需要首先从细微之处开始做出改变。从那些与问题无直接关系的地方做出改变的方式能更容易引起变化的产生，该变化能够改变整体的平衡状态，以此来促使更加巨大变化的发生。

小的步骤非常重要。作为促使变化产生的一项技巧，将每一个步骤进行具体化的方式经常是很有效的。可以使用之前所介绍过的等级划分提问法来让对方具体说出他们在各个阶段所想要达成的目标，此外还可以在让他们对自己各个级别的实现目标进行头脑风暴的基础上，让他们从自身所认定的难易度出发，将这些目标从高到低做个排序。并且，通过明确下一步可达成步骤的方式，则可促使对方产生想要采取实际行动的能力及勇气。

对方需要你的提议、拜托、邀请

所谓的细微变化，比如说可以是每天无所事事拒绝去学校的孩子开始会制作自己的人偶手办了，也可以是反复割腕的女子开始做园艺了。这些都将会成为促使他们的生活模式发生变化，增加积极的行为，减少问题行为的契机。

作为促使细微变化发生的方法，当对方自身说出想要做些什么事情的时候，就要予以肯定地回应，“这是很好的想法呢”“试着做一下如何”，像这样保护他们主动采取行动的自主性的形式才是最好的方法。

只是，当对方一向没有采取过任何行动，又或者是有想要做些什么的想法却不知该从何开始的时候，则可以提议他们去做一些较简单的可达成行为，或者与他们一同制订具体的行动计划的方式也是可行的。比如，针对一直宅在家中的年轻人，其中的一个方法就是可以循序渐进地提议他们先从拉开窗帘开始，然后再打开窗户、站到阳台上、去取报纸、去扔垃圾等，然后再进一步地建议他们去叠好已经洗好的衣物、出去散步或运动并记录自己每天的运动量，以及试着做一些料理等。

根据情况还可以采用拜托、邀请、一起奋斗等关联性更强的方法。在探寻对方兴趣点及需求的同时，投身于偶然契合的事物的做法是很有效果的。

此时，不超越其本人而是紧随其后的方式，则能够最终成为一种强有力的变化。

莫忘童心和微笑

在将与行为的对话培育成自律的变化的过程中不应忘记的是要具有一颗童心。如果过于热情地强求对方做出某一行为，或者过度地局限于某一标准的话，事情反而难以顺利进展下去。只有当对方能够自由地发挥出其所具备的自律性的时候才能够成为更加强大的力量。一旦在不知不觉中使用某一价值观或基准去束缚对方的话，他就会难以从僵局中脱身出来。因此，为了能够获得更多的自由，就需要具有一颗童心，而不是过于认真的思考。

无论我们思考什么样的问题，无论我们将会步入什么样的人生道路，最重要的是要保持自由豁达的心境。无论对何种事物的看法都会具有其各自的乐趣所在，有坏的方面同时也会有好的方面，这是一种反向的思维方式。一方面，要对那些束缚我们的事物一笑置之；另一方面，则要发散思维地去想也许这些束缚我们的事物也能起到某种作用。可以认为，在与那些不擅长进行自我表达的人进行风格完全不同的沟通过程中，保持自由自在、不受拘束且认同任何事物都具有其价值的豁达心境，在能够最大限度地引导出对方能力的方面是至关重要的。

结 语

至此我向大家一并介绍了各种不同的沟通技巧。在进行了大致的学习之后，大家对沟通技巧的整体应该有所了解了吧？这不仅仅是一门单纯的技术，相信大家也能够感受到其中所重视的思维方式以及其根本上所共通的精神吧。这些优秀的沟通技巧中所共通的部分就是，我们重视他人的心态以及时刻保持试图引导出那些沉睡于对方身上的原始力量的姿态。

越是陷入困窘的境地，沟通就越具有重要的意义，就越需要我们去克服这些状况。然而，遗憾的是，多数情况下，沟通只会起到相反的作用。现实中经常会发生的事实不也正是如此吗？我们会越发地对那些弱小的群体穷追不舍，加深与他们的矛盾，让他们陷入被孤立的深渊，最终导致他们只能躲进自己的外壳当中来寻求逃避的场所。

由此所反映出的不是沟通这一行为原本所具有的共享性、统合性的一面，而是驳倒对方、指责对方等只主张自我正当性的行为，即其所反映的是在竞争性和攻击性方面过于强烈的社会状况以及精神状况。

然而历史证明，像这样贬低对方只认为自己是胜利者的对话方式，不仅会让胜利者也陷入不幸，从长远角度来看，它也只会带来破坏，最终造成两败俱伤的境地。

由于遭遇前所未有的地震灾害以及核泄漏事件，如今面临着重大危机的日本社会不是更应该要求能够进行具有共享性和统合性的真正对话吗？这不仅能够让我们回归到重视人与人之间羁绊的这一原点上，在当前混乱且前途未卜的状况下，为了能够克服阻碍在我们面前的难题，找回自我，过上更加丰富的真正人生，则也是一项非常重要的技能。从这一层意义上来说，在与自身进行对话的过程中，务必希望大家也能够灵活运用本书所介绍过的沟通技巧以及思维方式。

最后，在此感谢给予我撰写此书的机会，并耐心等待我完成原稿的 PHP 研究所新书出版社的横田纪彦先生。

冈田尊司

主要参考文献

Howard·Kirschenbaum、Valerie·Land·Henderson 编．伊东博、村山正治监译．罗杰斯选集 心理咨询专家必读严选 33 篇论文〈上〉．日本：诚信书房，2001.

卡尔·R. 罗杰斯著．保坂享、末武康弘、诸富祥彦译．当事人中心疗法（罗杰斯主要著作集 2）．日本：岩崎学术出版社，2005.

卡尔·罗杰斯、Houghton Mifflin. 问题儿童的临床治疗．1939.

Peter De Jong、茵素·金·柏格著．桐田弘江、玉真慎子、住谷祐子译．焦点解决短期治疗导论． 第 3 版．日本：金刚出版，2008.

茵素·金·柏格、Norman H. Reuss 著．矶贝希久子监译．Solutions Step by Step: A Substance Abuse Treatment Manual. 日本：金刚出版，2003.

茵素·金·柏格、Peter Szabó 著．长谷川启三监译．Brief Coaching for Lasting Solutions. 日本：创元社，2007.

Steve de Shazer. Keys to Solution in Brief Therapy. W W

Norton & Co Inc，1985.

William R. Miller、Stephen Rollnick 著．松岛义博、后藤惠译．动机式访谈法 基础·实践篇．日本：星和书店，2007.

David B.Rosengren.Building Motivational Interviewing Skills: A Practitioner Workbook（Applicaion of Motivational Interviewing）.Guilford Press，2009.

大野裕．认知疗法·认知行为疗法 治疗者用指导手册．日本：星和书店，2010.

阿朗·T. 贝克、阿瑟·弗里曼 其他著．井上和臣监译．人格障碍的认知疗法．日本：岩崎学术出版社，1997.

冈田尊司．不正常人类研究所．日本：PHP 新书，2004.

冈田尊司．了解人格障碍．日本：法研社，2006.

玛莎·M. 莱恩汉著．大野裕监译．边缘性人格障碍的辩证行为疗法．日本：诚信书房，2007.

冈田尊司．依恋障碍．日本：光文社新书，2011.

Mario Mikulincer & Phillip R. Shaver.Attachment in Adulthood: Structure, Dynamics, and Change.Guilford Press，2007.

海因茨·科胡特著．水野信义、笠原嘉监译．自体的分析．日本：MISUZU 书房，1994.

海因茨·科胡特著．本城秀次、笠原嘉监译．自体的重建．日本：MISUZU 书房，1995.

海因茨·科胡特著．本城秀次、笠原嘉监译．精神分析治疗之道．日本：MISUZU 书房，1995.

山上敏子．作为方法之一的行为疗法．日本：金刚出版，2007.

Paul A. Alberto, Anne C. Troutman 著．佐久间彻、谷晋二、大野裕史译．最初的应用行为分析．日语版本第 2 版．日本：二瓶社，2004.

杉山尚子、岛宗理、佐藤方哉、Richard W. Malott、MariaW. Malott 著．行为分析学入门．产业图书，1998.